# 感动石油
## 2024

感动石油组委会 ◎编

石油工业出版社

图书在版编目（CIP）数据

感动石油. 2024 / 感动石油组委会编. -- 北京：石油工业出版社, 2025. 2. -- ISBN 978-7-5183-7328-4

Ⅰ. K826.16

中国国家版本馆CIP数据核字第2025Z4A821号

## 感动石油2024
感动石油组委会　编

策划编辑：王　昕　黄晓林
责任编辑：付玮婷
责任校对：刘晓婷
出版发行：石油工业出版社
　　　　　（北京市朝阳区安华里二区1号楼100011）
网　　址：www.petropub.com
编 辑 部：(010) 64252031
营销中心：(010) 64523633
经　　销：全国新华书店
印　　刷：北京中石油彩色印刷有限责任公司

2025年2月第1版　2025年2月第1次印刷
787毫米×1092毫米　开本：1/16　印张：25.5
字数：280千字

定　价：128.00元
（如发现印装质量问题，我社图书营销中心负责调换）
版权所有，翻印必究

谨以此书致敬中华人民共和国成立75周年

谨以此书致献中华人民共和国成立 75 周年

# 编 委 会

主　　任：张海云

副 主 任：霍恚明　耿玉锋　齐金蓉　沈　中　陈玉强

主　　编：耿玉锋

副 主 编：李生儒　薛　梅　孟庆璐　李向阳　高　照　王晓群

编　　委：赵国彬　卞昌松　王　晶　马莹莹　杜一博　王　源
　　　　　魏　枫　向爱静　王馨悦　余果林　于佳鑫

编　　辑：周小霞　刘　凯　王　佳　范绪婕　王　汐　陈　卓
　　　　　赵文璇

# 在中国石油第二届"感动石油人物"颁奖典礼上的讲话

中国石油天然气集团有限公司党组书记、董事长　戴厚良

（2024年9月25日）

各位领导，各位嘉宾，同志们：

在金秋收获的美好时节、在即将迎来新中国75周年华诞的重要时刻、在中国石油纪念日这个特殊日子，我们举办第二届"感动石油人物"颁奖典礼，主要是深化落实习近平总书记重要讲话和重要指示批示精神，重温光辉历程、感悟初心使命，汲取榜样力量、赓续精神血脉，凝聚保障国家能源安全、加快建设世界一流企业的磅礴力量。首先，我代表集团公司党组和集团公司，向刚刚受到表彰的3个英模团队和11位英雄人物表示热烈的祝贺！向长期以来关心支持中国石油的各界朋友表示衷心的感谢！向坚守岗位、耕耘奉献的广大石油干部员工致以崇高的敬意！

拼搏创造历史，奋斗铸就辉煌。新中国成立75年来，中国石油始终与祖国同行、与时代共进，为党和国家作出了卓越贡献。特别是近年来，我们牢记习近平总书记重大嘱托，以实际行动诠释"中国石油是党的中国石油、国家的中国石油、人民的中国石油"，公司经营业绩屡创历史新纪录，高质量发展迈上新台阶，世界一流企业建设展现新气象，向党和国家交出了亮丽的答卷。成绩的取得，得益于习近平总书记的掌舵领航和习近平新时代中国特色社会主义思想的科学指引，得益于党中央的坚强领导，也得益于我们拥有一支用石油精神和大庆精神铁人精神武装起来的，为党奋斗、为国奉献，敢打硬仗、能打胜仗的石油铁军！

今天表彰的"感动石油人物"，就是这支铁军中的杰出代表。以"星耀油海"的老院士、"筑梦国产大乙烯"的卓越工程师、"POE"的创新团队等为代表的科技工作者，他们夜以继日、全情投入科研攻关，饱含着矢志创新、勇攀高峰的浩浩凌云志和巍巍报国心。以"断指铁人""蓝色玫瑰""天路送气人"等为代表的基层员工，他们无怨无悔坚守一线，"艰苦不怕吃苦、缺氧不缺精神""山塌路断油气供应不断"，是真正的能源保供"顶梁柱"、能源安全的"守护人"。还有"磨片半辈子"的石油工匠、"把一生献给党"的离休老夫妻、"一带一路"的能源使者，这些平凡而伟大的石油人，是石油事业发展的基石，也是这个时代的英雄。他们感人至深的事迹，充满了信念与梦想、坚韧与执着、激情与奉献，集中展现了石油人奋进新征程、建功新时代的昂扬风貌。

星光璀璨，每个人都有光芒；感动石油，每个人都了不起；见证历史，每个人都肩负使命。当前，世界百年未有之大变局加速演进，新一轮科技革命和产业变革深入推进，能源行业的电动革命、市场革命、数字革命、绿色革命方兴未艾。中国石油作为集国家石油公司和国际石油公司于一身的国有重要骨干企业，坚决做到"两个维护"、全力保障国家能源安全、加快建设世界一流企业，是历史赋予我们这一代人的重大责任。新时代新征程，我们要以英模团队和英雄人物为榜样，学习他们信念坚定、紧跟党走的忠诚本色，学习他们矢志奋斗、奉献祖国的政治品格，学习他们攻坚克难、开拓进取的创新精神，学习他们功成不必在我、功成必定有我的崇高风范，挺膺担当、砥砺奋进，奋力谱写新的华章，为以中国式现代化全面推进强国建设和民族复兴伟业贡献力量。

国庆来临之际，让我们共同祝愿石油事业蒸蒸日上、再创辉煌！祝愿伟大祖国繁荣昌盛、国泰民安！

# 感动石油

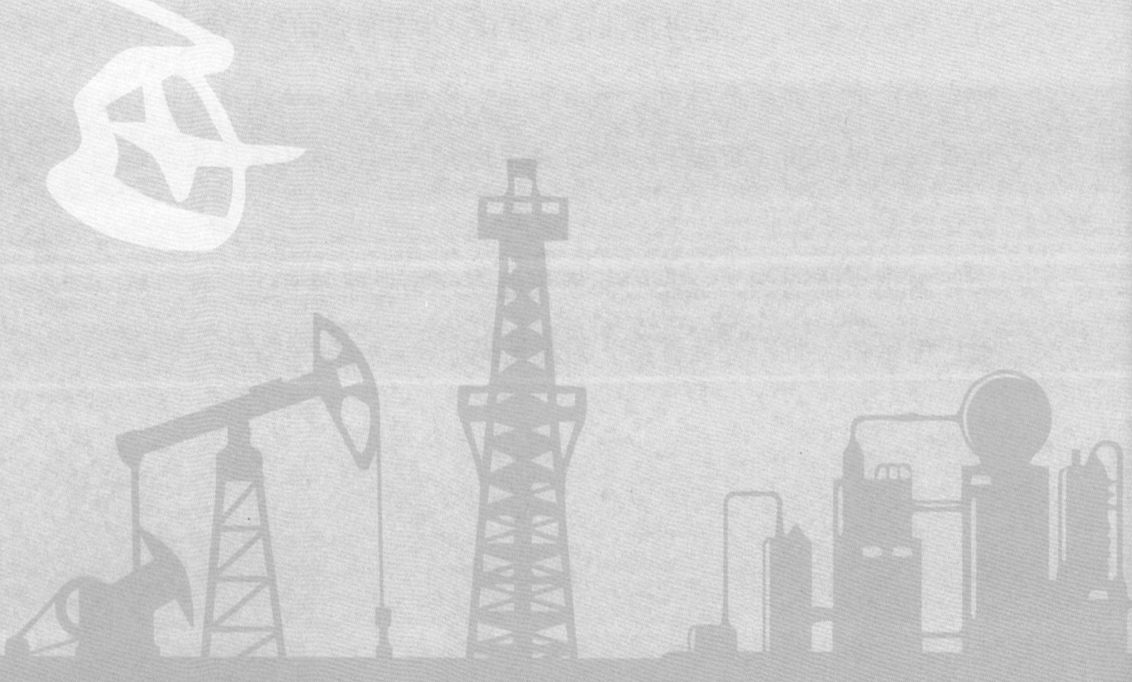

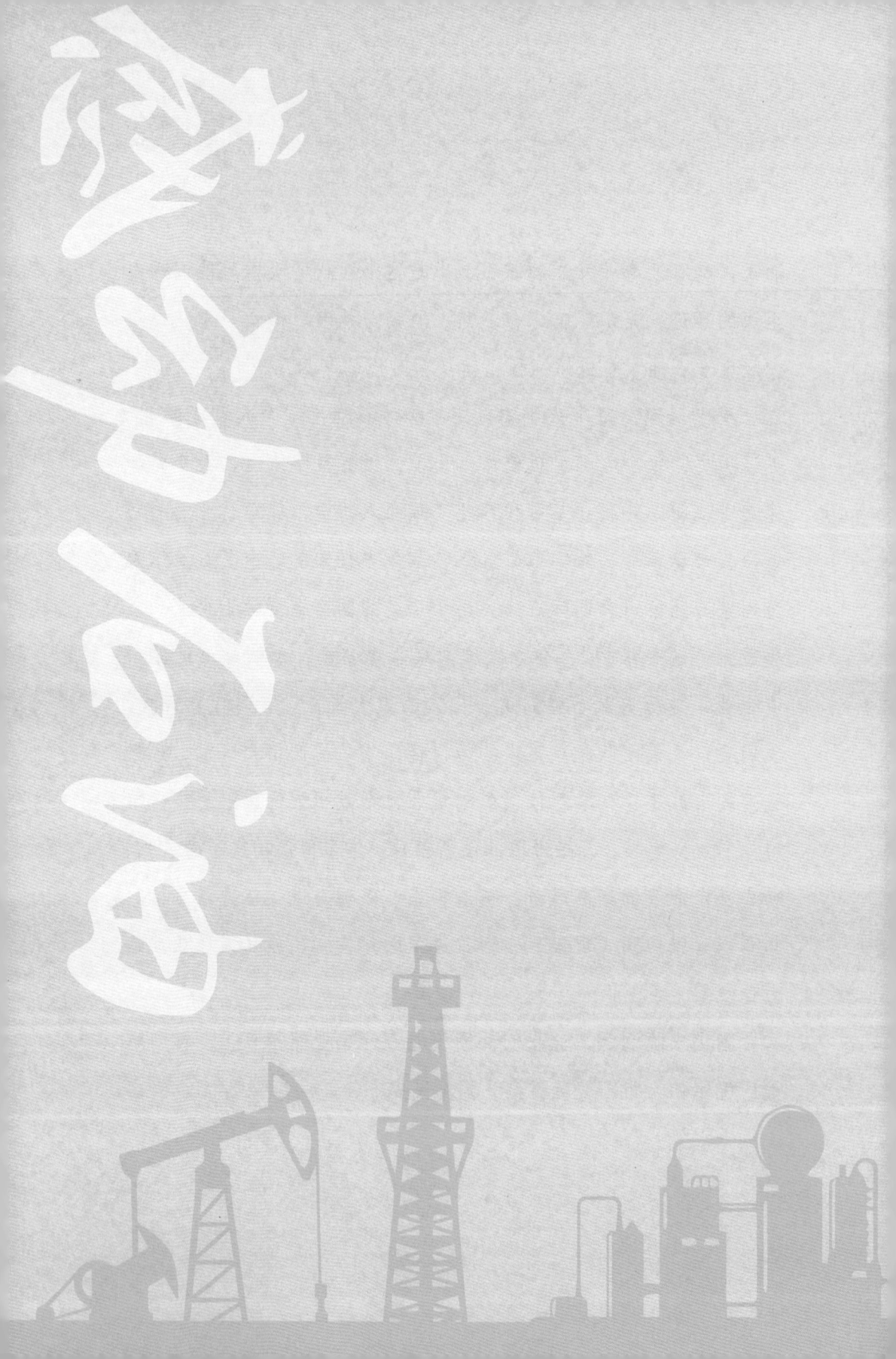

# 目录

## 感动石油人物

**002　王德民**
中国工程院院士、大庆油田杰出高级专家

**016　王尚典**
锦西石化维运中心车工

**028　李裕杰**
新疆油田实验检测研究院岩石制片师

**042　刘　勇**
西南油气田气田开发管理部主任

**053　张来勇**
中国寰球工程有限公司首席技术专家

**068　石化院"POE 创新团队"**
领奖代表：王文燕　王力搏　赵兴龙
　　　　　王科峰　刘　龙　曲　峰

**079** **万米深井攻坚团队**
领奖代表：
王春生（塔里木油田）　　林　楠（西部钻探）
曾同生（勘探院）　　　　张炳军（中油测井）
侯文辉（宝石机械）　　　杨海军（工程技术研究院）
龙　岩（工程材料研究院）

**095** **郑有录**
昆仑物流青海分公司 LNG 配送中心驾驶员

**106** **袁婷婷**
上海销售沪西分公司经理助理、嘉定党支部书记、
嘉定第四加油站经理

**124** **冯建勋**
中国石油（伊拉克）哈法亚公司 QHSE 部（安保部）经理

**134** **萨帕尔加尔德夫·谢尔达尔·阿玛诺维奇**
中国石油阿姆河公司生产经营管理部副经理

**149** **汪人锋、李冀**（夫妇）
汪人锋　吉林石化（原吉林化学工业公司）卫生处医政科主管医师、
　　　　副科长（离休）
李　冀　吉林石化（原吉林化学工业公司）职工医院儿科主治医师、
　　　　副主任医师（离休）

**160** **长庆油田"好汉坡"团队**
领奖代表：梁　冬　陈　雷　崔新花　龙小凤　康　帅　于万昊

## "感动石油人物"提名人选

**180** **张金友**
大庆油田勘探开发研究院页岩油研究部署项目经理部经理、松辽勘探研究室主任

**183** **张　亮**
辽河油田建设有限公司技术研发中心电焊工

**187** **史　昆**
青海油田采油一厂生产运维中心尕斯第一运维组采油班班长

**191** **赵丽敏**
中国石油（伊拉克）艾哈代布公司副总工程师

**194** **达克达里峰·萨都奥维奇·叶辛古洛夫**
中国石油（哈萨克斯坦）阿克纠宾公司第一副总经理

**198** **尚彦华**
兰州石化公用工程二部生产组技术员

**202** **谢　昕**
西北化工销售销售事业部技术服务中心高级主管

**206** **张本荷**
云南销售昆明分公司五华区阿米巴巴长

**210** **秦 乐**
天然气销售新疆公司吐鲁番公司总经理、党支部副书记

**214** **蒋 峰**
工程建设公司中东地区公司总经理兼哈法亚 GPP 项目总经理

**218** **吉林油田二氧化碳开发公司 CCUS 技术攻关团队**

**222** **国际事业公司中亚天然气保供小组**

## 企业反响

**230** 榜样为先　接续奋斗
/ 中油国际公司

**235** 赓续血脉　激扬斗志
/ 大庆油田公司

**241** 在"感动"中汲取前行力量
/ 长庆油田公司

**246** 万米之巅　路在脚下
/ 塔里木油田公司

**251** 以榜样之光照亮奋进征程
/ 新疆油田公司

**255** 点亮精神明灯　照亮前进方向
/ 东北销售公司

**260** 旗帜无声　力量无穷
/ 吉林石化公司

**266** 感动石油　温暖你我
/ 锦西石化公司

**270** 向光而行　照亮征程
/ 上海销售公司

**274** 平凡岗位　不凡经历
/ 昆仑物流公司

## 创作回顾

**280** 仰望与平视
/ 孟庆璐

**283** 点燃希望之光　照亮感动你我之路
/ 卞昌松

**285** 赤诚的心　清澈的爱
/ 马莹莹

**289** 靠近你　温暖我
/ 王　晶

**292** 为什么是她？
/ 王　源

**296** 感动石油　每个人都了不起
/ 周小霞

**299** 再度重相逢
/ 余果林

**302** 新起点　新感悟
/ 王　佳

**304** 不啻微芒化炬阳
/ 王　汐

**307** 心怀感动　用心服务
/ 组织运行组

# 媒体报道

- 313　经济日报
- 314　工人日报
- 315　人民网
- 316　央视网
- 317　光明网
- 318　中国网
- 319　中国能源网
- 320　中国石油报

## 评论留言

- **344** 中央媒体记者留言
- **346** 现场观众留言
- **347** 网友留言

| 358 | 附录一　现场花絮 |
| 371 | 附录二　歌曲《万米之巅》 |
| 372 | 附录三　优秀组织单位 |
| 374 | 附录四　他们这一年<br>——首届"感动石油人物"回顾 |
| 379 | 附录五　历届"感动石油人物"名录、<br>历届"感动石油人物"提名人选名录 |

润滑油品

2024 感动石油人物

# 王德民

中国工程院院士、大庆油田杰出高级专家

## 颁奖词

身许石油，青年立壮志

躬耕荒原，一心缚油龙

能源报国，殚精竭虑

创新超越，征鞍未歇

"松辽法"惊世出尘

分层注采技冠群伦

化学驱油创奇勋

石油奔涌，点亮祖国能源希望之灯

星耀油海，一生赤诚映苍穹

感动石油人物

1997年，王德民研究大庆油田外围难采储量有效益开发

**人物事迹**

王德民，油气田开发工程专家，中国分层开采工艺和化学驱油技术的奠基人，中国工程院首批院士。他先后获得国家科学技术进步奖特等奖1项、一等奖2项、二等奖2项；国家发明二等奖3项；国家发明专利24项；获何梁何利基金"科学与技术成就奖"，为大庆油田高效开发和我国石油工业发展作出卓越贡献。2016年，国际小行星中心命名委员会将210231号小行星命名为"王德民星"。

## 人物通讯

# 石油赤子

"做，就要做一辈子，才有可能成功。"2024年9月25日，在中国石油第二届"感动石油人物"颁奖典礼上，中国工程院院士王德民这样分享自己的人生感悟。观众雷鸣般的掌声响彻现场，激荡着精神的共鸣。

"我是学石油的，党和国家培养我，就是要'多出油'。"87岁的王德民院士面容清癯、气质冷峻，只有在谈起石油时才滔滔不绝，眉宇间恍然露出一股少年英气。耄耋之年的他依然每天"打卡"上班，心里只装着一件事：为油田、为石油多作贡献，让石油产量再往上"翘"！

## 64年前，他是敢于挑战世界权威的实习技术员

"新的大油田，问题特别多，世界上没有书本可照搬，用国外的技术是不行的，我们必须要用自己的技术。"如果说，当年王德民成功创造"松辽法"，展现了他惊人的科技才华，不如说，拥有中国独立自主的实用技术是他毕生坚持的科研初心。

王德民出身于高级知识分子家庭，自小家境优越。父亲留美学医，曾任北京同仁医院副院长；母亲是中国籍的瑞士人，在北京高校任教授。在他出生5个月时，正值"七七事变"。童年时期，战乱成为他最刻骨的记忆，"国家不强大就会被欺凌"

1972年，王德民在大庆油田采油工艺研究所发明偏心配注采油工艺

的意识，深深地印在他幼小的心里。

1955年高考，9门课程全部优秀的王德民被北京石油学院录取。临近大学毕业，东北传来了松嫩平原发现特大油田的喜讯。王德民热血沸腾、兴奋不已。国家缺油，学石油的就要到最大、最难的油田去。

他回绝了母亲委婉的挽留，放弃了学校让他留京工作的机会，在分配志愿书的第一栏郑重地写下"党的需要，祖国的需要就是我的第一志愿"，第二栏则直接填报了松辽油田，也就是现在的大庆油田。

大庆油田会战十分艰苦，上面盖的是天，底下铺的是草原。1960年8月，王德民来到油田，被分到了测试组，住进了四处漏雨的牛棚。时值大庆"测压会战"，目的是弄清数百口生产井的地层压力。然而，国际权威的测压法"赫诺法"并不适用。测压的偏差，将影响这个大油田下一步的开发方针和部署。

中国得有自己的测压法！王德民默默发起攻关。

白天，他和工人们上井摇绞车，一起10余次徒手拉动100多斤重的绞车，进行着强体力劳动；晚上七八点钟，他回到牛棚，不顾又累又饿，自学热传导数学、水力学、俄文，直到凌晨两三点钟。遇到难题，他会半夜走2公里路，穿越大片苞谷地去图书室借阅资料。图书室的工作人员被他感动了，他成为"一个不管是几点钟都能借到书的人"。

在苦苦研究了100多天之后，王德民找到了突破方向，又经过废寝忘食的持续攻关，终于在1961年的除夕之夜冲破最后一道屏障。他成功推导出中国第一套、世界第三套不稳定试井测压公式"松辽法"。经检验，精度比当时国际权威的"赫诺法"提高两倍，既简便又高效。这一方法目前还在大庆油田持续应用，累计测试超百万井次。

那一年，王德民仅仅24岁，刚刚大学毕业6个月。

## 30年前，他是中国工程院首批院士、石油开采专业第一人

院士登记表里这样评价王德民的工作："这些工艺，都是世界上油田开发意义重大、难度最大、工艺最先进的技术。"

"我们搞科研、搞创新，不是为了得奖，而是用科学技术解

决实际问题。""松辽法"的成功,激发了王德民对科研的浓厚兴趣。从那时起,国家需要、油田需要,成为他科研攻关的最大动力。

继"松辽法"后,他研发的钢丝起下的分层测试技术,使我国石油分层开发技术达到世界领先水平;研制和推广我国自己的偏心配水器和配产器,有力扭转了大庆油田当时"两降一升"的被动局面。

进入20世纪七八十年代,他牵头研制出"限流压裂法",可一次压开20至30个乃至70个薄油层,使低渗透层变成了可

王德民院士经常深入基层,把更多的创新成果应用于生产一线是他的愿望

经济开采的油层。

他组织化学驱油技术的攻关和应用，在世界上首次实现了化学驱的商业性开采。1996年，聚合物驱油技术在大庆油田实现工业化推广。目前，大庆油田三次采油连续22年产油量超千万吨，累计产油超3亿吨。

一项项成果，有力推动了我国砂岩油田开发技术总体达到世界领先水平。在王德民几十年的科研生涯中，他先后获得国家科学技术进步奖特等奖1项、一等奖2项、二等奖2项，国家发明奖二等奖3项，国家发明专利24项；在国内外发表论文90余篇，出版著译作5部；获何梁何利基金"科学与技术成就奖"；被国际石油工程师协会（SPE）授予终身会员荣誉。

"他始终关心的、跟我强调的就是3件事：一是增加油田的储量，二是提高油田的产量，三是降低油田的成本。"王德民的儿子、大庆油田同井注采项目经理部经理王研这样说道。

2016年，国际小行星中心命名委员会将210231号小行星命名为"王德民星"，以褒奖他对国际石油开采技术的卓越贡献。

星耀寰宇，当王德民成为石油人眼里"夜空中最亮的星"时，他正苦苦攻关下一项技术。作为中国油田分层开采和化学驱油技术的奠基人，荣誉、成果、专利并不能成为王德民的兴奋点，他一直认为"下一个比前面的重要"，无论是科技攻关还是个人发展，都要"往前看、往前走"。

## 如今，他是坚持每天工作12小时的敬业"80后"

"我很着急，不是有点着急，是很着急，特别着急。"为了多出油、多产油，为了老油田延展青春，87岁的王德民只争朝夕！

2006年，王德民致力于化学驱三次采油及油田所需多用途表面活性剂研究

每天早晨，他错开上班等电梯的高峰，8时15分准时来到办公室，开始一天的忙碌。16时，是王德民雷打不动的电话时间，了解项目进展、核对每个数据、布置下一步工作……担心影响司机师傅正常下班，他一到17时30分便准时回家，到家后再思考工作到半夜……

为了完成高强度的工作，他每天坚持健身15分钟以保持体力，极少外出交际，生活高度自律。

大庆油田石油开采条件复杂，攻克"无人区"的全新技术，既需要有甘冒失败风险的勇气，又需要有"板凳甘坐十年冷"

的坚韧。

退休后 20 多年来，王德民在普遍认为"不可能"的质疑声中推进四次采油攻关。四次采油，连教科书都不曾讲过原理，其核心问题是国际上认为的废弃油藏如何经济有效开采。

"大庆油田地下含水率越来越高，采上来 100 吨液体，98 吨都是水。"王德民解释，"我们开发出同井注采工艺，在井下进行油水分离，只采石油不采水，成本降幅巨大。"

2017 年，在大庆油田已关停 13 年的区块，王德民和他的团队研发的"井下油水分离同井注采"工艺进行了小规模推广试验。2020 年年底，这项工艺顺利通过验收。目前，这一技术已在大庆油田 3 个试验区进行工业性试验。大庆油田在世界上首次成功实现了四次采油，已经废弃的油藏重新焕发出生命力。王德民期盼着这一技术的推广应用，能引发一场"全国老油田复采的大变革"。

"这个题目非常大，涉及地面、地下、采油等诸多领域，属于一体化联合攻关。在还能干的时候，我想多干一些。"王德民说。

退休后，王德民本可以回到北京，但大庆的未来是他割舍不下的挂牵。他说："我在大庆工作 64 年，它占据我的生命 70% 还多的时间。我看着它从荒原一片到高楼林立。我希望油田更加兴旺，让城区的户户灯光照亮经济繁荣的未来。"

汩汩而出的石油承载着他的人生梦想和报国之志。

王德民时常会提起自己高中所在的"吴运铎班"。被誉为中国"保尔·柯察金"的吴运铎来到他所在的中学，作了长达 7 个小时的报告。当时台下的 16 岁少年听得泪流满面。"把一切献给党"深深扎根在少年心里。

择一事，终一生。眼前的王德民满头银丝，目光专注，平静的语言难掩背后的热望："不管碰到什么困难，都要干一辈子。只要我的身体行，你说我能停吗？"

64年的科研人生，有顺境，也有逆境，王德民心底始终有一个声音："我知道我能做到。如果我停下来，那就是最大的自私。"

（刘　波　王大鹏）

感动石油 2024

王德民获颁第二届"感动石油人物"荣誉称号

## 获奖感言

科学研究没有止境，是值得我们用一生去热爱的事情。只有热爱才能执着，才能有不懈的动力。看准了国家所需，就干一辈子，不管中间有多少困难，都要干下去。

石油开采行业很复杂，只有不断学习才能不断超越。要"学以致用"，学要为国家所用。几十年科研下来，我学习的领域兼跨数学、仪表、机械、化学等20多个学科和专业。凡是大庆需要的，我就努力学；凡是采油工作用得上的，我就努力学。即使在今天，我还是不停地学习。

大庆油田是很难开采的陆相油田，要解决出现的新问题，就要采用新技术，要敢为人先、放胆前行。坚持创新精神，在科研上敢闯无人区，把"没希望的"变成"有希望的"、可行的。在大庆油田的65年就这样走过来，也会这样走下去。

有时候我的脾气很"急躁"。科研不能按天算，要按小时算，白天干不完，夜里也要研究！为老油田延展青春，我在与时间赛跑，我会一直干下去。

扫一扫观看
第二届"感动石油
人物"王德民短片

## 现场互动

**主持人** 让我们再次用掌声，感激王院士今天能够来到我们的现场，更感激这65年他给予我们的力量！欢迎您！向您致敬！王院士，刚才大家看短片，您当时是北京石油学院毕业的，那时候就能留校，留北京多好啊，为啥去那么艰苦的地儿？

**王德民** 因为我是学石油的！党和国家培育了我，就是为了多出油，我们国家非常缺油，当时发现了世界上最大的陆相油田，也是一个非常复杂的油田。那当然我要到最大的油田去，只有在这儿才能多出油，只有在最复杂的地方才能让我们用新的技术把它开发好，所以去了最难的最大的油田。

**主持人** 那个时候，就是要让心里的那团火，在大庆，在所有需要的地方燃烧，是吧！这团火一直烧着，好几十年都没灭。现在，您还在跟年轻人一块儿工作呢，这团火还烧着呢？

**王德民** 对，还在烧着！

**主持人** 您看今天还有很多年轻人，他们心里也有很多，也许是小火苗，也许是熊熊的烈火，您跟他们说说，怎么才能让这团火一烧几十年也不灭。

**王德民** 因为我们国家很需要石油，国家富强、国防建设都需要石油。我们国家总的来说是一个产油大国，当然油还是不够的。不够，那大家都要努力。年轻人，包括我自己，我认定了要搞石油，国家培养了我，选定了干石油，我就要干一辈子，干一辈子你才有可能真正了解（石油）。每个工业、每个事业都是很复杂的，时间不长不可能了解，不了解不可能有发现，没有发现、没有前进就不能够超越，也不能够作很大的贡献。所以，我的个人经验是，做就做一辈子，才有可能成功。

**主持人** 做就做一辈子！做一辈子才有可能成功！如果您能给现在我们在座的所有石油人一句祝福，您想对他们说什么？

**王德民** 我祝福大家共同努力，让石油的产量箭头往上翘。第二个祝福，我希望我们所在的城市地区的窗口都点亮，都繁荣起来。

**主持人** 祝福我们的石油事业能够不断地前行，更祝福我们的万家灯火处，都是繁荣昌盛。再次向我们石油人的精神旗帜致敬。谢谢您！

# 王尚典

锦西石化维运中心车工

## 颁奖词

技校走出的石油名匠

打不倒压不垮的车工状元

认真二十余载，较真毫厘间

精湛技艺，淬炼工匠之魂

钢铁意志，书写勇者奇迹

断指心愈坚

你是长着铁骨头的石油人

工作中，哪怕是最简单的一个工件，王尚典也要力争做得完美

**人物事迹** 王尚典扎根一线 20 多年，在逆境中披荆斩棘、超越自我，一举夺得全国职工职业技能大赛车工冠军，被称为"断指铁人"。他以劳模创新工作室为依托，带领团队攻坚克难，解决一线生产难题 80 余项，获得省、市各级创新成果奖励 56 项，全国技术能手、全国五一劳动奖章、全国能源化学地质系统"身边的大国工匠"等省部级以上荣誉 30 余项。

感动石油 2024

人物通讯

# 断指铁人

"石油工人都长着铁人的骨头，断指可以，但断志不行！铁人精神比奖牌更加闪耀。"2024年9月25日，锦西石化公司维运中心王尚典获评中国石油第二届"感动石油人物"，在颁奖现场，他竖起右手大拇指激动地说。

"我喜欢站在车床边操作的感觉，喜欢倾听车床转动、刀具切削的声音，更喜欢车床车出的各种各样精美发光的零件。我

王尚典不断提升技术技能，解决一线生产难题超百项

热爱这份职业，这是我毕生追求的梦想。"提及心爱的车床，今年 44 岁的王尚典，眼中依旧充满热爱。虽然遭遇断指变故，但他直面挫折，用食指代替大拇指，自创了独有的测量方法，凭着一股不服输的韧劲，成为中国石油优秀员工的代表。

### 热爱如炬，照亮前行之路

1999 年，毕业于锦西炼化技校机械加工专业的王尚典，经过 20% 的淘汰选拔，进入锦西石化机械厂金工车间。当第一次站在车床旁，看着一件件精美的"作品"诞生在师傅张瑞卓手上的那一刻，他更加坚定了自己选择的道路——做一名优秀的车工。他认真研究每一种工件的工艺和流程，床头一摞子专业书被他翻烂了。他不厌其烦地反复练习车工技术，双手磨出了血泡，血泡破了又渐渐变成了厚厚的茧子。

"车工对人的心智和耐力要求极高。成为一名优秀的车工是一个细致而又漫长的过程，急不得。"王尚典暗暗给自己打气。每天下班前，师傅张瑞卓都会给他留一张复杂的图纸，只给他一晚时间来编制加工工艺方案。第二天一早，他就要详细描述出加工工艺的方法和步骤，直至达到要求。

王尚典对自己从未放松。只要是他加工的，哪怕是最简单的一个工件，也要力争做得精美。师傅们服气地说："王尚典的活干得又快又好，和他一起干活，还真有压力。"

时光流转，手上的厚茧见证了王尚典技术水平的蜕变。2001 年，他参加锦西石化公司举办的职工技能大赛。年仅 21 岁的毛头小伙子"打败"了一众老师傅，一举夺得车工竞赛第一名。紧接着，2002 年、2003 年，王尚典以其精湛的技艺，连续 2 次

2012年，王尚典获得第四届"全国职工职业技能大赛车工状元"称号

夺得公司"车工状元"。2004年，他代表锦西石化公司参加中国石油举办的职工技能大赛，夺得第二名。随后代表中国石油参加全国中央企业职工技能大赛，获得银奖。

这一年，王尚典年仅24岁。意气风发的他，殊不知命运的考验即将开始。

## 突破困境，迎来断指重生

2005年6月20日，王尚典遭遇了人生中的至暗时刻：右手大拇指被卷入车床，造成粉碎性断裂。由于神经和血管损伤过大，医生给出的最佳治疗方案是：将右脚的第二个脚趾移植到手上，来维持他右手的抓握功能。

右手大拇指是车工大部分操作，尤其是测量时必须使用的手指。要成为一名优秀的车工，大拇指灵敏而又稳定的触感，是决定加工精度毫厘之差的关键。

母亲哭着抱住王尚典说："儿啊，咱不干这活儿了，太危险了，说啥咱也不干了！"

师傅惋惜地摇着头说："别想车床了。干不了车工，单位可以给你调岗……"

"真的只能这样放弃吗？"多少个夜晚，王尚典在病床上惊醒后问自己。"不，绝不放弃！"他仿佛听见自己内心的嘶吼。

"眼泪解决不了问题，我的命运还得由我来写！"王尚典作出了一个很多人都没有想到的决定：重返车工岗位。不仅要直面挑战，而且要迎头顶上去。

"新手指像不是我身体的一部分一样，动都动不了。"一次、两次，一天、两天，一个月、两个月，右手大拇指终于被唤醒，能动了。接着，王尚典从使用筷子开始，写字、穿针引线、系纽扣……记不清过了多久，右手终于能完成常规的抓握、捏拿了，手指的灵活性终于有了。可那个刚刚能动的新拇指，感知能力几乎为零。而这是连医学界都尚未攻克的难题。

王尚典依然选择不服输，尝试用左手代替右手，但在实操中极不方便。最终，他另辟蹊径，用右手食指指背代替大拇指来操作量尺。经过艰苦而漫长的训练，他的食指不仅变得特别灵活，而且能够配合其他手指进行精准测量。

凤凰涅槃，浴火重生。终于，那个不服输的青年彻底"复活"了。

## 破茧成蝶，赢得自信坦然

生活又回到了正轨，上班，解决难题，加班，下班……日复一日，年复一年，王尚典从未懈怠。经过7年的磨砺，他的车工技术更加精深娴熟。

2012年8月6日，经过市、省各级层层选拔，王尚典以全省第一名的成绩，站到了第四届全国职工职业技能大赛的擂台上。

有机会参加国家级赛事实属不易，王尚典可谓是过五关斩六将。比赛中，他稳扎稳打，以第一名的成绩顺利进入下一轮选拔。接下来，辽宁省总工会将选拔赛的前5名选手集中到沈阳，进行淘汰赛。经过8天的比拼，他出色地完成了5进3的复赛，终于拿到这场终极大赛的入场券。

这一次，王尚典参加的是国家级别的顶尖赛事。他要面对的是全国31个省区市和新疆生产建设兵团的190支队伍、946名选手之间的巅峰对决。

虽然之前经历了魔鬼般的赛前训练，但进入决赛的王尚典仍然紧张。在长达6个小时的实际操作比赛中，尽管竞赛图纸的变化程度完全超出了赛前的预想，但他平衡心态，步步为营，在规定时间内顺利完成。最终，他加工的"五件套组合机构"以81.2分的最高分一举夺得金牌。王尚典成了全国车工状元，这是中国石油的首个车工状元，也是辽宁省有史以来第一块全国职工职业技能大赛的车工金牌。也是这一次，他赢得了"断指铁人"的称号。

"说不紧张是假的,说不辛苦是假的。"成绩发布时,王尚典喜极而泣。或许是努力了太久太久,压抑了太多太多,他哭得像个孩子。从他决定自己的命运自己来写的那一刻起,曾经的无助和彷徨都默默退却。站在高高的领奖台上,他用金灿灿的奖牌,再一次证明了自己决不服输的勇气和毅力,验证了石油人骨子里传承的铁人基因!

### 初衷不改,不负当下未来

"企业培养了我,我就要发挥自己的作用,攻坚克难助力企业发展。"王尚典深知自己肩上的责任。装置检修时,一个大型滑阀需要尽快修复。但由于受介质长时间腐蚀,整个定位台阶严重缺损,一个定位基准面都找不到。时间紧、任务重,王尚典接到任务第一时间冲了上去。他在工件内外爬进爬出几十回,经过整整25个小时的努力,成功修复了阀体基准面。

他勇敢迎接一个又一个技术挑战。以创新工作室为依托,他带领团队攻克了集团级难题,完成了"大直径凹面法兰密封面现场修复加工的功能拓展"项目,极大地提高了现场加工效率,补齐了企业的短板;攻克了"超薄定位调整垫片磨削加工"难题,获得第二届中国石油创新大赛金奖。

多年来,他解决一线生产难题超百项,其中集团级难题16项,获得2项国家实用新型专利。

2017年,王尚典被增补为第十二届全国人大代表,2018年连任第十三届全国人大代表。在担任全国人大代表期间,他认真履职调研,形成了议案几十件。他坚持为基层一线员工发声,

感动石油 2024

王尚典与团队成员研究项目难点

坚持为家乡建设发声，坚持为行业发展发声。其中，"关于京沈高速公路扩建的建议"被采纳，并列入国家"十四五"规划中。

"希望我可以做得更好，以自身力量积极影响他人。"多年来，他进企业、入校园，在十多个省区市宣讲交流80余场，以自己的不懈追求感染着身边的人，帮助青年技工和在校学生树立正确的人生导向。他以自己的切身经历告诉迷茫的年轻人和失去信心的同路人，只要肯吃苦、肯努力，在任何岗位上都会开创出一片新天地。

2022年3月8日，王尚典走上十三届全国人大五次会议的代表通道，分享了自己作为一名新时代产业工人的成长故事。他心潮澎湃地喊出："石油工人都长着'铁人'的骨头，小工种也一样响当当！"

"技校走出的石油名匠,打不倒、压不垮的车工状元,认真二十余载,较真毫厘间。精湛技艺,淬炼工匠之魂;钢铁意志,书写勇者奇迹,断指心愈坚:你是长着铁骨头的石油人!"正如"感动石油人物"组委会颁奖词中对他的描述,王尚典满怀热忱,耕耘在自己喜欢的领域。他永不言败,越挫越勇,越飞越高!

(李　杨　张洪光　孔　悦)

王尚典获颁第二届"感动石油人物"荣誉称号

## 获奖感言

这份荣誉，不仅是对我个人的认可，而且是对每一位在岗位上默默奉献的石油人的最高赞誉。每一个石油人心中都有一团不灭的火焰，它点燃我们对事业的热爱，对国家的忠诚。咱们石油工人都长着铁人的骨头，大庆精神铁人精神比奖牌更加闪亮。我将把荣誉转化为前进的动力，发扬石油精神和大庆精神铁人精神，追求精益求精，和大家一起投身到祖国的能源发展事业中去。

扫一扫观看
第二届"感动石油人物"王尚典短片

# 李裕杰

**新疆油田实验检测研究院岩石制片师**

## 颁奖词

安下心，手握执着
研磨出 0.03 毫米的极致
扎下根，秉承匠心
方寸斗室，如琢如磨
一份坚守，35 年追求
磨亮了找油的信念
磨出了人生的厚度

感动石油人物

李裕杰从事岩石制片工作 35 年，精打细磨出近 10 万片高水准的岩片

**人物事迹**　　岩石制片师是一个小众却不可或缺的职业。李裕杰精细打磨了近 10 万个岩片，把手上的指纹都磨掉了。他精益求精，在 0.03 毫米的厚度中创新方法，帮助科学家寻油探气，奠定行业标准基础；他淡泊名利，将经验倾囊相授，将荣誉主动让给别人。他磨过的岩片接起来可绕地球赤道 3.5 圈，帮助新疆油田先后发现了玛湖油田、吉木萨尔页岩油等 22 个油气田。

**人物通讯**

# 磨平了指纹　磨"亮"了人生

"打磨时不要着急，先慢慢找到手感。"11月4日，快退休的新疆油田岩石制片师李裕杰一边做一边教，给徒弟们传授他打磨岩石薄片的体会。他打磨的岩石制片仅有0.03毫米厚，相当于一根头发直径的1/3。笔者发现，他无名指的指纹已经被磨平，食指和中指的指纹也比常人更浅。

今年60岁的李裕杰是新疆油田公司实验检测研究院的岩石制片师，从事岩石制片工作35年，精打细磨出近10万片高水准的岩片。科研人员借此准确分析岩石的成分和结构，从中窥见油气的蛛丝马迹，为寻油找气提供依据。

"别人觉得石头是凉的，我觉得新疆油田地下的石头是冒着热气、带着油味的，比我家乡的'金丝玉'还珍贵！为了磨好这些'宝贝'，我必须认真完成切、磨、烘、泡等操作。手指受伤很正常，指纹被磨掉也很正常。"李裕杰说。

## 手划破了，缠个创可贴接着干

1990年，26岁的李裕杰从新疆油田测井队调入研究院，干起了岩石制片工作。

第一天学习，看着师傅轻松磨好十几片岩片，李裕杰觉得这太简单了，第二天一上班就打算自己上手干。但刚进行第一

李裕杰和青年员工一起观察岩芯

个步骤"接样"时,他就被师傅艾力·麦麦提打断了:"这些岩石都是从地下三四千米深的地方取出来的,每块石头对应不同深度;你一定要多核对几次样品的编号和顺序,千万不能出错。一旦错位了,后面鉴定人员的结果也是错的,科学家就找不到油了,那我们所有人的辛苦都白费了。"李裕杰这才明白,自己手里看似普通的岩石竟然这么重要。

师傅不仅教李裕杰岩石制片技术,而且带着他观察磨好的薄片。透过显微镜,李裕杰看到了石头里的油发出淡蓝色的荧光。一闪一闪的荧光仿佛流进了他的眼里,也流入了他的心中。李裕杰意识到了制片工作的重要性,暗下决心:"一定要打磨好每一块岩石,帮助科学家寻找到大油田。"

在外人看来,李裕杰在磨盘上能轻松地拿捏岩片,却不知道,在飞速旋转的磨盘上，载玻片锋利如刃。手稍轻，岩片就会不受控制地飞出去，而且厚度也不易达标；手稍重，就会触及利刃，手破血流是常有的事。李裕杰对此早就习以为常："干这活可不能矫情。遇上急样，即使手划破了，缠个创可贴也要接着干。"

岩石制片一共有13道工序，其中切、磨、烘、泡4个环节不仅让岩石发生了极大改观，也让李裕杰的手在反复磋磨中变了模样。让他最难忘的是，当师傅艾力·麦麦提在退休座谈会上伸出双手时，同事们看到了一双没有指纹的手，都惊呆了。

制片室也来过很多"学徒"，很多人受不了"切、磨、烘、泡"的磋磨，干上两三个月就走了。也有很多人介意制片师的工人身份，干上两三年就转岗了。

李裕杰却一直在坚持。他认为，石油的勘探开发是个系统工程，每个环节都要衔接好，最起码自己的工作不能"掉链子"。师傅的那双没有指纹的手对他影响很大。那双手不仅体现了平凡中的坚守，更体现了石油人艰苦奋斗的精神。他敬佩师傅那样的人。

## 0.03毫米，磨成薄片只需1分钟

岩石制片流程已然形成清晰的操作手册，看似谁都能对照手册磨出片子来，实则不然。岩石制片的每一步都需要格外用心。用李裕杰的话说就是："简单的事情重复做，重复的事情用心做。"

20世纪90年代，新疆油田迎来了新的生产高峰期。

和刚开始干这行时相比，李裕杰每天接到的样品量翻了几番，差评和返工数量也越来越多。"怎么看不清？""这是怎么磨的片？"各种批评声此起彼伏。他请教师傅后才明白，薄片稍微

感动石油人物

李裕杰一边打磨岩石薄片,一边给青年员工讲解操作要领

厚一点,在显微镜下看不清楚;稍微薄一点,又容易把一些矿物磨掉。必须是标准的 0.03 毫米,这样的薄片在显微镜下的结构才最清晰、信息才最完整。

可是一点一点慢慢磨,光是磨好一片岩片就得 10 多分钟,加上其他工序得 1 个多小时。李裕杰每天都会收到 100 余块岩样,勘探现场根本等不起。

为了提高磨片速度,李裕杰利用周末到戈壁滩捡石头,然后用石头在磨盘上练手感。从 1 毫米到 0.05 毫米再到 0.03 毫米,他一点一点地磨、一点一点地试,手感越来越好,速度越来越快,打磨一张岩片的时长从 10 分钟缩减至 1 分钟,制片合格率从之前的 60% 提高到 99.9%。

如今，李裕杰这双"精益求精"的手已经练出了真功夫，薄片打磨到一定程度后，一摸便知厚度，并能说出大概是零点零几毫米，与实际相差无几。

不仅如此，他手上的真功夫还体现在对"疑难杂症"岩石的精妙处理上。

2012年的一个酷暑，油田现场送来一批富含稠油的松散砂样。李裕杰按照常规流程走了一遍，发现这批油砂"吃"不进所有常用的胶水，定不了型，根本没法进行后续的磨制。这可愁坏了他。

一天中午，李裕杰被同事拉着去食堂吃饭。走在路上的他，仍一心惦记着这批样品。当被太阳晒得满头大汗时，他灵光乍现："加热样品，让样品也发发'汗'，或许就能'吃'进去胶水了。"说罢，他立刻掉头回到操作间，继续鼓捣起来。

为了保证加热后疏松的砂子不散开，细心的李裕杰找了一片纱布，将其紧紧包裹，随后放入煮胶锅内开始了操作。最终，他成功地磨制出了这批样品，为科研人员开展稠油油藏精描提供了宝贵的第一手资料，为稠油效益开发提供了助力。

李裕杰创新提出的"疏松含油岩石煮胶胶固法"，被写入了最新版本的岩石制片行业标准，为全国同行提供了指导。

## 小小薄片，佐证了玛湖大油田

2017年，为了验证玛湖地区碱湖成因理论，新疆油田必须拿出"看得见、摸得着"的"证据"。在显微镜下找到碱性矿物，就是"看得见"的"证据"之一。

此前，科研人员在多次推演论证中都认定存在这种碱性矿物，然而在实际观测中怎么都找不到。专家怀疑问题出在岩石制片环节——碱性矿物在制片过程中被自来水溶解了。

李裕杰了解到这个情况后，主动请缨，展开系列测试攻关。他将13道工序一一排查，不放过任何蛛丝马迹，并逐步将目标锁定在制片溶剂上。他把自来水先后换成苏打水、食盐水、氯化钾溶液等，并确定最佳浓度。就这样，他用40余次的实验换取了1次成功——用饱和盐水制片，可以确保碱性矿物溶不掉。

进入最后验证环节，李裕杰小心翼翼地将饱和盐水洒在磨盘上，屏住呼吸，开始磨片……当专家从显微镜下清楚地看到薄片中的碱性矿物，证实了碱湖生烃理论的可靠性，从而佐证了10亿吨级玛湖大油田的存在时，李裕杰激动得说不出话。

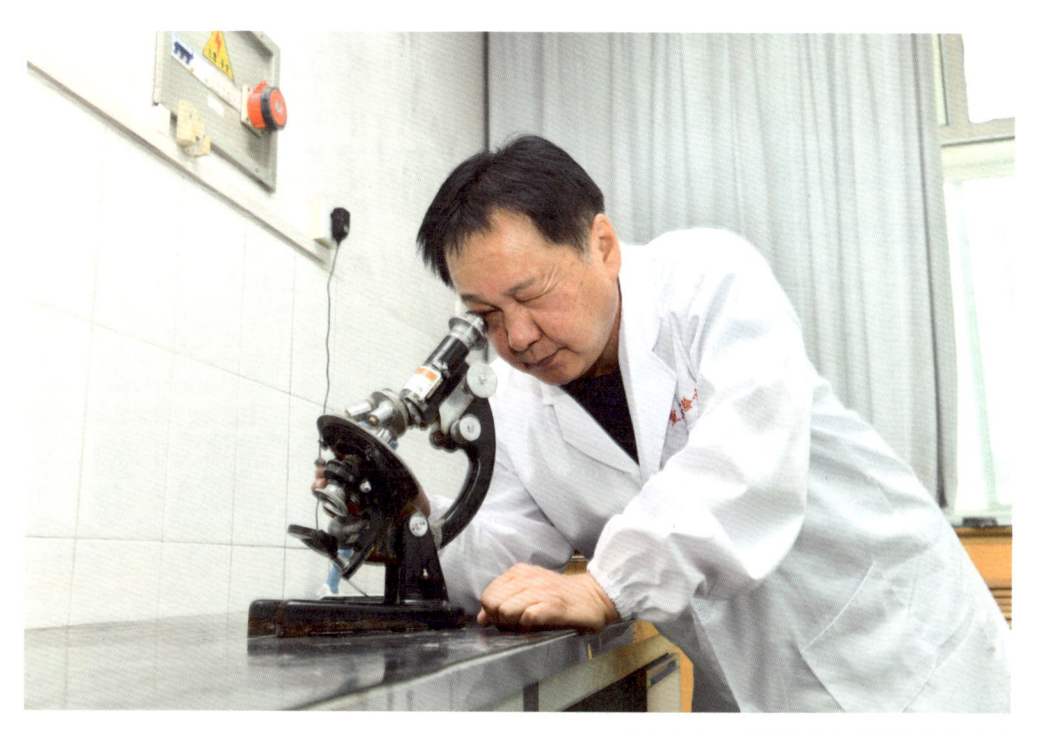

**李裕杰正在用显微镜观察磨制岩片的质量**

李裕杰难以想象，10亿吨级的大油田，通过一张小小的岩石薄片，和他这个制片工人紧密地连在了一起。他总结出的"易溶盐类岩石制片法"被写入行业标准，并推广到全国各大油田。

除此之外，他还创造了"遇水膨胀岩石干磨法"，最大限度保留了新疆油田阜东地区三叠系储层中的黏土矿物，帮助科研人员准确判断了储层水敏程度，及时避免了储层伤害，降低了压裂的试错成本。他提出的"全直径岩芯制片法"，帮助科研人员解决了砾岩及火山岩内部碎屑粗大、无法准确识别岩性的问题，精准支撑了克拉玛依油田、克拉美丽气田新增探明储量的申报……目前，这些方法也已经成为中国石油天然气工业岩石制片的行业标准。

第二届"感动石油人物"颁奖典礼结束后，记者问他，工匠最核心的品质是什么？他说："对待工作，只要肯用心打磨，哪怕是最不起眼的石头，也一定能打磨成属于自己的'宝玉'。"

李裕杰这双缺少指纹的手，平滑之处就像他家乡的"金丝玉"，散发出耀眼的光泽。

（马　聪　谷　胜）

感动石油人物

李裕杰获颁第二届"感动石油人物"荣誉称号

## 获奖感言

回想35年前,我第一次从自己磨的石头里看到石油,就觉得我们新疆油田地下的石头并不冰冷,它们是冒着热气、带着油味的,比我们戈壁滩上的"金丝玉"还珍贵。当时我就下定决心,一定要扎扎实实地在实验室干下去,用心打磨好每一块石头。就这样,我当了一辈子的岩石制片师,磨了一辈子石头。

人生就像石头,不管处于什么岗位,只要我们肯用心打磨、一直打磨,就能打磨出自己的"金丝玉"。我要和大家一起,把工作中的每一块"石头"磨好,安下心、扎下根,不出油、不死心!

扫一扫观看
第二届"感动石油人物"李裕杰短片

## 现场互动

**主持人** 欢迎王师傅、李师傅，祝贺你们！我这看（你们）都没空手来，都带来了自己匠心的见证。王师傅，这有什么特别之处吗？

**王尚典** 这个还真有一些特别意义：这套工件，就是当时我参加全国大赛时的练习工件，也可以说是对我断指之后操作能力的一次重要的检验。

就这套工件，它的精度要求非常的高，每一个加工部位，它的工差都要求控制在 0.02 毫米之内，也就是咱们头发丝的三分之一到五分之一之间，而这只是最基本的要求。

就比如说这个滑动块，它要求能在这个传动杆之间自由地滑动，并且准确地进入到这个沟槽当中去。

如果咱们搞不懂它们之间的相互关系的话，哪怕你所有的加工部位都达到了加工要求，咱们也有可能装配不上。

**主持人** 所以说还不仅仅是手上的功夫，还得对整套系统，包括对整个的运作机制，这个机器怎么运转，您都得门儿清啊！

**王尚典** 是的，这也是集团公司对我们技能人才培养的一个目标，从技能的高度和广度两个维度来重点培养我们。

| 主持人 | 虽然我们看到，王师傅右手受伤之后，好像大拇指会比一般人的小一点，但我离近了仔细看，我怎么都觉得，特别像我们好朋友之间彼此在打招呼那个点头。王师傅您让大家看看，是不是？

这点赞就是点头，点头就是承诺呀！承诺要把这事干好，就是一诺千金，一诺守一世啊！向您致敬王师傅！

李师傅，他们说您嗓子这两天好像受到了比较严重的损害，能出声不？|
| --- | --- |
| 李裕杰 | 就能说这么大的声音。|
| 主持人 | 哎哟，确确实实是，因为确实北京这两天比较干燥，人特别容易在疲劳中上火。这样，李师傅，我尽量提出的问题让您用两个字儿就能回答。行不行？|
| 李裕杰 | 行！|
| 主持人 | 他们都说，您磨出来的这个石头的精度是目前为止咱们国家在石油开采当中最精密的一个精度，能达到多少毫米啊？|
| 李裕杰 | 0.03 毫米。|
| 主持人 | 0.03 毫米！这又是一个把头发丝分成几瓣来计算的一个计量单位。李师傅，他们都说，尤其是深地的石头，拿出来冰凉！这石头在您手里，它是凉的还是热的？|
| 李裕杰 | 热的，要和石头融化在一起。|
| 主持人 | 要和石头融化在一起！石头是热的，是因为李师傅有 |

一双能把石头暖热的手。李师傅，能让我们看看您的双手吗？

哟！您那儿还藏着礼物呢！

这是我们在片子里（看到的），也就是您刚才说的0.03毫米精度的打磨作品吗？

**李裕杰** 对。

**主持人** 您拿起来让我们看看，让我们的镜头给个特写，让我们看看它有多薄。

哎哟，我手都抖，生怕给您弄碎了。大家能看到吗？

我们应该为这样的工匠精神点赞！

一双是一诺千金的手，一双是能把石头暖热的手。这样的手，就能托起石油人的精神；这样的手，就能托起中国石油的未来！向他们致敬！谢谢你们！

# 刘 勇

### 西南油气田气田开发管理部主任

## 颁奖词

川南大地

回响着你油气报国的梦想

重重挑战

从未动摇你对页岩革命的信念

实践出真知

你的脚步踏遍山山水水

在微纳米的孔隙中闯出新天地

扬眉吐气

感动石油人物

刘勇正在编制西南油气田公司高质量上产 500 亿立方米工作方案

**人物事迹**　　刘勇全程见证并参与了川南页岩气的大规模开发，在助推川南页岩气田建成国内最大的页岩气产区中作出突出贡献。他先后获得四川省五一劳动奖章、西南油气田公司劳动模范等荣誉，并取得四川省科技进步奖三等奖、中国石油集团科技进步奖特等奖等科技类奖项。

> 人物通讯

# 页岩革命追梦人

2024年11月28日，中国石油集团召开2024年度油气勘探年会。会上表彰了中国石油2024年度油气勘探重大发现成果，由西南油气田公司气田开发管理部刘勇牵头取得的成果喜获一等奖。

自2017年从常规气转战页岩气事业以来，刘勇多次参与重大攻坚，全程见证了川南页岩气从无到有、从有到优、从优到强的历程。如今，川南页岩气年产量超过100亿立方米，成为我国首个累计产量突破800亿立方米的页岩气区域，创造了让世界惊叹的四川页岩模式。

今天，就让我们一起走进中国石油第二届"感动石油人物"刘勇的"战气"人生。

## 转战页岩气——"加快攻关，有困难我解决"

2010年7月，从西南石油大学博士毕业的刘勇，进入西南油气田公司勘探开发研究院，成为常规气开发的一名新兵。那时，页岩气尚在探索阶段，2014年，西南油气田公司页岩气年产量仅为1亿立方米。

2017年，页岩气开始加速进行商业化开发，行业中缺兵少将，刘勇面临重要的职业选择——从常规气转向页岩气。当时

刘勇在西南油气田资201H1平台查看钻井工程情况

的情况并不难抉择：常规气顺风顺水，刘勇工作业绩突出，前途光明；页岩气饱受争议，前景如何大家心里都没底。

刘勇却坚定地选择了页岩气。儿子问他："为什么这么选？"他说："因为不死心。"四川盆地的页岩气资源量跟北美差不多，人也不比他们差，为什么就是干不成？他想要一个答案。他坚信：一定能干成，还能比北美干得好！

就这样，从常规气专家变身为页岩气"小白"，刘勇开始了"以公司为家"的生活，一个三人位的沙发成了他的"床"。

页岩气大规模开发拉开序幕后，最高峰时有170多台钻机齐聚川南，年度钻井数及投产井数达到惊人的300口。然而，在红红火火的背后，刘勇心里总有一个困扰他许久却一直无法解决的难题：页岩气是"人造气藏"，工程实施难度大、开发风险很大，大批早期井都出现工程复杂、效率提不上来、进度跟不上等问题，这让很多人对页岩气开发的信心严重不足。

这些难题难道真的没法解决？刘勇不信这个邪。他提出："页岩气不能像常规气那样只管目的层，需要加强从源头到实施各个环节的精细管理。"那时，他脑海中就有了通过"地质工程一体化"解决上覆地层攻关难题的想法。

然而，"地质工程一体化解决上覆地层优快钻井"课题没有立项、没有资金、没有人员，完全是一片"无人区"，一切只能靠自己。

为了解决最为重要的资金问题，刘勇反复找领导讲述干这件事的意义。在他的不懈努力下，领导终于同意立项。"加快攻关，有困难我解决。"刘勇说。他给科研人员四处找经费、找专家，甚至还把退休的老专家请回来当智囊。

功夫不负有心人。2022年至2023年，通过实施"地质工程一体化解决上覆地层优快钻井"项目，钻井过路地层的复杂问题大大减少，实现当年立项、当年出成果，当年指导钻井、当年见效。如今，井身轨迹的实时优化、随钻过程中的地质模型迭代、"1+N"型的平台井迭代及优化实施顺序等方法已固化为川南页岩气的基本指导方法，井工程复杂率较前期降低了一半以上，节约了上亿元费用。这项技术得到了公司领导的高度认可，并作为页岩气地质工程一体化的主要成果向集团公司领导专门汇报，多家油田和科研院所前来调研学习。

## 复活"死刑井"——不盲从权威，敢于突破"禁区"

在页岩气开发这条路上，刘勇从来不迷信任何权威，他喜欢讲毛泽东的《实践论》，坚信实践才能出真知。

根据国际上对页岩气的认知，页岩气不可能存在于高含水的区块中。页岩气研究院有同事曾询问过美国权威专家，也是得到了相同的回复："绝对不可能。"

然而，四川盆地的页岩气却有其独特性。一般页岩气的电阻率在30或40欧姆以上，但他们在长宁区块却打出过电阻率只有10欧姆的井。因为水是导电的，这证明这个区块含水量非常高。

当时很多人认为这口井没干头，可以被PASS掉了。但是刘勇和他的团队却依据细致的地质分析和取芯成果判定，实际情况并没有那么糟糕。最后，即使很多人反对，他们还是顶着巨大的压力，通过采用针对性的压裂工艺等，使这口井的单井最终可采储量突破1亿立方米。"这个结果非常震撼，刷新了大家的认知，改变了人们对页岩气的看法，突破了理论的禁区。"刘勇说。

"专家认为对的不一定对，一定要亲自试了才知道。"在与国际大公司同台竞技的科研赛道上，刘勇同样不盲从权威。在泸州深层区块合作开发上，欧美公司打了很多页岩气井进行整体评价，觉得效果未达预期，就把不少井都废弃了，并于2019年左右撤资。

"我们感觉并没有他们说的那么差。"刘勇带头重新对资料进行了评估，并重新实施评价井。其中就包含泸203井，后来成为四川第一口产量超百万立方米的页岩气井。尝到甜头后，他们再接再厉，对曾经被欧美公司封掉的荣昌区块的几口井进行重新论证并实施储层改造，"复活"后的单井测试产量达到十几万、二十几万立方米。

在页岩气开发利用上，专家们普遍认为储层太薄就没有开发价值了，一般一类储层厚度要达到10米以上才能实现效益开发。刘勇曾遇到过一个只有4米多厚的储层，很多人都觉得这是"边角料"，没有开发价值，但是资源放在那里，不用又觉得可惜。刘勇和团队经过大胆假设、小心求证，前后论证了多稿，最终克服了内心的忐忑，决定可以一试，没想到竟成就了一口高产井。

从常规气转向页岩气，刘勇矢志攻关，一步一个脚印，让梦想照进现实

## 24小时待机——"无数不可能的事情，我们都干出来了"

在被寄予厚望的重庆黄瓜山区块，3个平台12口井的页岩气产量都很差，一度令重庆气矿信心不足。问题到底出在哪里？2021年7月，刘勇决定去现场探个究竟。没想到，在蜿蜒崎岖的山路上，他不慎扭伤了膝盖，伤势严重到无法行走，最后竟是被众人抬到了作业现场。

现场条件简陋，工人好不容易找来一张条凳，刘勇顾不上膝盖的肿胀疼痛，顺势半躺在条凳上，全神贯注地钻研起各类资料来。功夫不负有心人，一番抽丝剥茧后，他终于精准定位到问题根源——钻井环节出了岔子，操作流程不够规范，致使出现偏差。找到症结所在，刘勇当场就着手对操作流程进行细致梳理，有条不紊地解决了难题。

在刘勇的现场指导下，12口井靶体钻井率从60%飙升到95%以上，甚至达到100%，所有人越干越有信心。

同事评价他具有极强的带队能力。2024年春节假期，刘勇半夜被叫回单位加班，几天假期都在处理故障，同事们居然没有一个人知道。原来，为了让大家过好节，他一个帮手也没叫，一个人默默扛下了所有。

同事岳圣杰的工位就在刘勇办公室门口。"每天勇哥都是骑车来上班，身材保持得很好，精力旺盛。"岳圣杰说，他就像是一部24小时待机的手机，不可或缺，让人安心。

成绩的背后，是不断学习、不断提高。刘勇经常利用碎片时间看书，无论坐飞机还是坐高铁都抱着书啃。"你们看完的书，给我看看。"刘勇最喜欢的一件事就是"抢"别人看完的书。他的案头堆了好几本公司领导借给他的书。

当下，西南油气田公司正朝着高质量上产500亿立方米的新台阶阔步前行，而页岩气年度增产规模也将达到史无前例的水平。"低电阻页岩气层不能干，我们干出来了；薄储层不能干，我们也干出来了；被外国专家判了'死刑'的页岩气井不能干，我们还是干出来了。"刘勇，一个喜欢挑战"不可能"的页岩气专家，将继续忠于热爱、勇于拼搏，甘当页岩革命的追梦人。

（邓　柯　李欣忆）

刘勇获颁第二届"感动石油人物"荣誉称号

## 获奖感言

参评中国石油"感动石油人物",给了我回顾历程、认真总结的机会。我的体会是,在未知的世界里不断探索,只有敢于打破常规思维、敢于直面复杂挑战、勇于突破技术极限,才能赢得发展主动权。

川南页岩气已走过极不平凡的10年。回顾一个个攻坚的过程、一个个典型的案例,其中有很多温暖的画面、很多振奋人心的时刻。

站在新的起点,我们要清醒地认识到页岩气还有很多待解答的难题,没有理论指导、没有成熟的经验、没有先进的技术依然是非常规领域发展的常态。我们要进一步坚定信心,唯有不断探索、追求极致,才能实现增储上产。

扫一扫观看
第二届"感动石油人物"刘勇短片

# 张来勇

中国寰球工程有限公司首席技术专家

## 颁奖词

塔起灯亮

你的眼眸映着光芒

躬行三十六载

沥心血，成一事

从白山黑水到黄土高坡

从天山脚下到南海之滨

你托举起大乙烯中国造的梦想

感动石油 2024

张来勇在兰州石化长庆乙烷制乙烯项目中交仪式上发言

作为首届"国家卓越工程师"奖获得者，张来勇近40年来专注乙烯、煤化工等技术开发及工业应用工作。他主持研发了大型乙烯成套技术、百万吨级乙烷制乙烯成套技术，创新设计了全球单体规模最大的煤制油工程，完成15项国家重大科技攻关和重大工程建设任务，为提升我国乙烯自给率作出了重要贡献。

**人物事迹**

> 人物通讯

# 沥心血终成国产化大乙烯

今年，已是张来勇投身石油化工事业的第 36 个年头。

在大庆石化 120 万吨/年乙烯改扩建工程现场，当夜幕降临，8 万平方米的乙烯装置塔起灯亮，早已两鬓斑白的张来勇深情地凝望着眼前的这个"孩子"。

他是首届"国家卓越工程师"荣誉获得者，主持研发了大型乙烯成套技术，先后完成 15 项国家和集团重大科技攻关及重大工程项目，为我国提高乙烯自给率、保障国家能源安全作出了重大贡献。

## 从兴趣到为之奋斗一生的事业

1981 年 8 月 16 日，张来勇收到了来自天津大学化工专业的录取通知书。

那天，年轻的张来勇并不知道这对他的人生意味着什么，因为他的选择全凭兴趣。填报高考志愿时，仅有的 5 所重点大学志愿里，张来勇选择的全部都是化学工程专业。当时，他对化工的兴趣更多来自感性层面的认识。化学实验里产生的新物质，看到的新现象以及新发现和创造，都令他十分着迷。

初入大学的张来勇，对化工行业的认知增加了新的维度。

20 世纪 80 年代初，的确良衬衣是校园里的潮流单品。张来勇从同学们的谈论中意识到化工正在极大地改变着人们的日常生活，推动着国家经济社会发展。而在当时，我国大部分石化技术及部分原材料很大程度上依靠进口。

这让张来勇对化工从兴趣升华为强国的梦想。1988年，硕士毕业的他入职了当时的中国寰球化学工程公司。此后，他的梦想有了更具象的表达——要将一项项技术落地，建成一座座实实在在的工厂。

很快，张来勇迎来了第一次出国的机会。1990年，张来勇成为第一批去意大利"工作式培训"的员工。一出国，他便感受到了"降维打击"，我国乙烯技术在设计体系、设计方法、设计理念和设计标准规范等方面，与国外存在二三十年的发展差距。

那时，国内建设一套乙烯装置，其技术、绝大部分装置和设备都需要引进，花费巨大。年轻的张来勇坚定地认为我国必须要有自己的乙烯技术："他们都有，我们为啥不能有？"

在意大利公司工艺部明亮的楼道里，时常能看到张来勇在文件柜前驻足，专注地阅读。面对工作中的技术难题时，他经常在这里寻找答案。他抓紧在国外学习的每分每秒，希望把这些知识带回国内，为国内乙烯技术的发展赢得追赶的时间。

争分夺秒的学习习惯，一直延续至今。大量的阅读和学习让张来勇能够与行业最前沿技术同向而行。

进入他的办公室，首先映入眼帘的是满墙的书柜和散落在书桌上各式各样的记号笔。曾任张来勇助手的王蠹回忆："一本英语杂志，他订阅了20多年，上面密密麻麻地填满了学习笔记。"这一笔一画勾勒出张来勇与国外对话的决心。从那时起，张来勇超越国外的信念从未间断。

他更是在工作笔记本的扉页上,写下这样一句话:"中国人一定要有自己的乙烯工业技术!"

从兴趣到立志奋斗一生的事业,张来勇开启了国产化大乙烯的艰难探索之路。

## 国产化难上加难,他坚信"能干成"

在张来勇初入行的20世纪90年代初,全球乙烯产能激增至近6500万吨,而我国只能生产不足200万吨,占全球乙烯产能的比重仅约3%,与巨大的市场需求相比微乎其微。

在长庆乙烷制乙烯一期项目具有中国石油自主知识产权的裂解炉框架上,张来勇(右一)检查指导工作

直到 20 世纪末，乙烯成套技术仍被国外垄断，不仅要缴纳高昂的专利和专有技术费用，关键设备国产化也受国外专利商制约，造成我国乙烯工业建设投资大、生产成本高、市场竞争力弱。即使到 2008 年，我国已成为世界第二大乙烯消费国，自给率也仅为 38%，国内的乙烯生产几乎全部采用引进技术。

乙烯技术国产化，刻不容缓，必须尽早提上日程。

2008 年，已在乙烯行业深耕二十年的张来勇成长为总工程师，接过集团公司重大科技专项乙烯国产化的重任，他要在前人探索的基础上，彻底攻克大型乙烯装置工业化成套技术开发的难题。

一开始，张来勇并没有给自己预设太多的困难。他要做的，是写好落下的每一笔。

2008 年的那个夏天，会议室里经常"吵"得热火朝天。

破解首套乙烯装置的裂解炉技术具有极大的挑战性，很多人存在畏难情绪。

在当时"造不如买，买不如租"的大环境下，许多人认为购买国外的裂解炉技术是最优解，选择自主开发、自主设计路线的则显得有些弱势，因为没人敢保证运用新技术，一定不会出现问题和风险。

"质疑"和"争议"声音此起彼伏。在观点的"喧嚣"中，张来勇表示要用数据说话。他带领乙烯攻关团队，开始了无数次的研讨和计算论证。

"大家对个别问题有争论很正常，不是说你是领导你就说了算。一次不行，我们可以讨论多次。"张来勇始终坚持开放包容的态度。

感动石油人物

塔里木乙烷制乙烯一期项目开车时，张来勇（前排中）在中控室与团队成员交流

结合多方数据计算与论证结果，他决定开发自主裂解技术，并主动承担责任：出了问题，由他来负责。

最终的结果令所有人欣慰，技术达到并超过预期效果，裂解技术甚至优于国内外同类技术水平。

技术开发出来了，装置建设现场的落地是最为关键的一笔。

在乙烯项目建设现场，一线员工们时常能见到张来勇的身影。

时任乙烯项目经理的杨庆兰对这幅场景印象深刻。50多米高的裂解炉，相当于16层楼高，在爬升的过程中，装置本身的晃动会让人产生"肝颤"的感觉，年轻人爬上去都气喘吁吁，而张来勇经常爬上去，查看建设情况。

为了确保装置安全平稳地建设，张来勇身体力行，持续关注着项目的进展情况。现场 500 多台设备，他基本上都要一一查看。张来勇将这些装置视为自己的"孩子"，对每个装置的结构、朝向，都明晰地记在心里。

在以张来勇为代表的乙烯团队以及各方支持力量的全情投入和攻关下，我国的乙烯技术实现了一个又一个突破——

2012 年 10 月，我国大型乙烯成套技术有了！大庆石化 60 万吨 / 年乙烯装置一次开车成功，比原计划提前一年。鉴定认为各项指标都达到国际先进水平，部分关键指标甚至达到国际领先水平。我国成为世界上第 4 个掌握乙烯技术的国家。

2021 年 8 月，我国乙烯技术更强了！长庆、塔里木两个乙烷制乙烯国家示范工程先后投产，实现我国自主乙烷裂解制乙烯技术工业化应用"零的突破"。同时，适应多种液体原料的 150 万吨 / 年乙烯成套技术也应用于广东石化 120 万吨 / 年乙烯装置，助力建成我国一次性建设规模最大的炼化项目。

自此，乙烯技术再也不用受制于人，"国产化"之路终于走成了！

## 三代传承，铸绿色乙烯新未来

张来勇在采访中一直强调，"国产化"之路能"成"，"成"在传承与合作，而他只是乙烯团队三代人奋斗的一个缩影。

从 20 世纪 40 至 50 年代的黄文、杨庆兰，到 60 至 70 年代的张来勇、李锦辉、王勇、吴德娟、孙长庚，再到 80 年代的辛江、李春燕，寰球工程乙烯团队伴随着乙烯国产化的征程，实现了三代核心团队的传承与发展。

在寰球，有这么一沓厚厚的笔记，纸张虽已泛黄，但上面"镌刻"的计算公式和运算过程依然清晰。这是一份三代乙烯人十分珍视的"传家宝"。

黄文是第一代乙烯人，在退休时，对奋斗一生的岗位十分不舍。退休可能意味着与乙烯最前沿渐行渐远。她决定把自己所有的手写笔记交到乙烯团队成员的手中。

现在，这一大摞已然泛黄的笔记已经从杨庆兰、张来勇、孙长庚那里，传到了李春燕手中。虽然最初的那套计算程序已经更新迭代到计算机就可以完成，但在实际运算过程中发现问题时可以在这本笔记中找到改进现有程序的办法。

张来勇（前排右一）向国外同行介绍寰球公司技术

这份传承，在张来勇所带领的乙烯团队里，仍在继续。

会议室现场，刚汇报结束的95后新人徐明远，正在聆听张来勇的建议。对他来说，每次汇报都是一次收获与成长。

张来勇对年轻人的"新"想法十分宽容，从来没有说过一个"不"字，第一句话永远都是："思考一下，怎么把想法落实。"

在汇报时，张来勇从不会打断他们，而是在结束后提出自己的建议。遇到不妥之处，他的第一句话也是鼓励，随后再讲问题所在。在徐明远眼中，他很温和，但对待工作却很严肃。

以张来勇为核心的乙烯团队里，亦师亦友的氛围还在延续。新人每天的"十万个为什么"，总能得到前辈的耐心解答。团队正协力攻关大乙烯三期项目，绿色炼化目前是他们下一步要锻造的"金字招牌"。

如今，我国已经成为全球最大的乙烯生产国，乙烯技术也有了"民族自信"。张来勇说："从投产的乙烷制乙烯运行数据看，我们的部分技术指标比同行都好。"

终一生成一事。如今，张来勇已过花甲之年，翻开笔记本，他当年写下的"中国人一定要有自己的乙烯工业技术"的笔迹依然遒劲有力，这也是他践行一生的誓言。

展望未来，新的一页即将书写。张来勇仍在为中国乙烯的下一个征程奔忙着，其团队攻关的绿电加热裂解技术，预计将在5年左右实现工业化，届时可减少90%以上二氧化碳的排放，助力中国乙烯技术迈入3.0时代……

（王英妮　魏　枫）

张来勇获颁第二届"感动石油人物"荣誉称号

## 获奖感言

能够当选"感动石油人物",我感到非常高兴和激动,但我更想说的是,我只是老中青三代乙烯人的一个代表。这份荣誉,是我们团队的实践和付出被认可的体现。同时,我也感谢国家让我们这一代有幸见证并参与了石油化工行业的蓬勃发展,赶上了国家科技自立自强的东风,获得了宝贵的发展机会。在集团公司党组和相关部门的支持下,我们经过长期努力获得这份成果,也得到了社会的认可。

扫一扫观看
第二届"感动石油人物"张来勇短片

> **现场互动**

**主持人** 祝贺二位！祝贺刘主任！祝贺来勇总！刘主任，刚才看到短片的时候，其实我特别惊讶，都说在一个领域当中要转一个专业或者达到一个研究的深度是要花好长时间的，我看您是从常规气研究转到非常规气研究，就多了一个字，这多了什么？

**刘　勇** 非常规比常规看似多了一个字，其实差异是巨大的。非常规，我们要在地下深处把页岩、微纳米孔隙里的油气开采出来，微纳米相当于人头发丝的千分之一，这个难度很大。西南油气公司在常规气领域有六十年的勘探开发实践，有成熟的理论体系和先进的开采工艺，做常规相当于站在了前人的肩上。但是论非常规领域，我们是国内最先做页岩气的，没有理论指引，没有经验可循，也没有先进的工艺技术引领，一切都只能从零开始，遇到的难题都是业界首次，怎么办？只有靠科技创新，只有靠我们自己，只有摸索着前进。

**主持人** 其实，多了责任也多了考验，那团队现在拥有了这些，他们多了什么？

**刘　勇** 团队多了凝聚力，也多了责任心，更有一种把页岩气开采出来的决心。

**主持人** 今天，能否请您以团队的名义，来跟大家说说在这个领域当中，我们已经取得的那些底气和豪气是什么？

刘　勇　　我们页岩气经过短短的近十年的开发，已经取得四川盆地单一规模最大、年产规模最高、累计产量达到历史第二的好成绩。

主持人　　真棒！多了责任，多了考验，更多了勇往直前的忠诚！向您和您的团队致敬！

来勇总，您看您平常工作就考别人，今天我们放上了和您一起工作的这些大装置，特别冒昧地还真得考考您，因为我看了半天也看不出来这些装置有什么不一样。请您回身看看。

尤其是大屏幕上这两张，我觉得就是一个特写一个远景镜头，这有什么不同吗？

张来勇　　外观看似乎是一样的，但是内部裂解的条件、分离的工序是不一样的。这些照片都是我们技术的应用场景，我也非常熟悉。中间的两张，左侧的是 2012 年投产的大庆以液体原料为裂解源的乙烯装置，右边这一张是我们 2021 年国家示范工程长庆乙烷制乙烯装置。它们用的原料是两种类型，裂解条件有很大的区别。

我们长庆乙烷制乙烯，是把传统作为燃料烧掉的乙烷，转变为乙烯裂解的优质原料，实现了乙烯生产的绿色低碳的起点。从 2012 年到现在，利用我们的技术投产和建设的乙烯产能，已经超过 1000 万吨。同时我们落实国家"双碳"目标，在集团公司的要求下，加大了电气化率提升和绿色低碳乙烯技术的开发力度。

我们用加热裂解炉工业规模的测试已经完成，希望再过五年左右能够实现示范应用，届时我们能够使乙烯生产过程实现绿色低碳和二氧化碳的排放达到"近零"，使乙烯技术真正迈入绿色低碳的 3.0 时代。

**主持人**　您刚才说了一个数字——乙烯的产能，现在是 1000 万吨，还有上升空间吗？

**张来勇**　根据市场的需求，以后可能在产能扩展的过程中，更大的投入是在提升效能和绿色低碳这个方面。

**主持人**　我们不仅是专注于产量，更专注于高效，对吧？因为我们团队的核心就是要在这个领域当中成为先驱，永远不等待"被邀请（合作）"的"幸运"，而是我们自己去攻关，真正实现科技自立自强！谢谢你们，向你们的团队致敬！

# 石化院 "POE 创新团队"

领奖代表：王文燕　王力搏　赵兴龙　王科峰　刘　龙　曲　峰

## 颁奖词

十年磨一剑

攻坚不畏难

新材料战场，你们敢战敢胜

破壁、突围、创新、超越

不舍昼夜，淬火成金

装置运转的轰鸣

是你们梦想花开的声音

感动石油人物

石化院"POE 创新团队"合影

**团队事迹** 　　石化院"POE 创新团队"十年磨一剑，不惧艰辛、持续创新，打破国外专利封锁，实现催化剂、溶液聚合工艺自主研发，建成千吨级溶液法高端弹性体中试装置。该团队解决了国内高端聚烯烃弹性体材料的"卡脖子"难题。

## 团队通讯

# 冲破重围敢为先

2025年1月6日，中国石油石油化工研究院大庆中心POE项目工艺包负责人高宇新对围坐在一起的工艺设计人员说："工程转化并不是简单地放大，专家的每个意见我们都要仔细完善，确保万无一失。"这是他们第十轮进行审查修改。300多天反复与业主、专家沟通，只为10万吨/年POE成套技术顺利实现工业转化。

这一关键进程，不仅是聚烯烃弹性体（POE）自主技术迈向产业化的坚实一步，而且是我国打破国外垄断、斩断POE技术"卡脖子"枷锁的决胜环节。POE技术国产化的新篇章正在奋力书写。

### "锁不住"的突破——封锁的是技术，却锁不住突破技术的拼搏精神

POE被国家发展改革委列入《产业结构调整指导目录》，作为重点鼓励发展的新材料，已成为绿色能源、高端制造、航空航天等领域的核心基础原料。2020年，其消费量已达50万吨，年需求增长率超过25%。近年来，国内高端弹性体市场供不应求，但严重依赖进口，因此吸引了众多炼化企业竞相布局POE装置建设，加速推进产业化进程。

10年前，石化院大庆中心的王文燕凭借敏锐的市场洞察力

和深入调研，将目标锁定在 POE 生产技术的自主研发上。从那时起，她与国家需求同频共振，开启了 POE 自主技术研发的征程。

"当时，我们手头唯一与 POE 相关的资料就是这些 POE 颗粒，但它们对我们的成套技术开发并无直接帮助。"石化院大庆中心树脂研究所副所长王登飞回忆道。POE 自主技术的研发之路充满挑战，海外企业已建立起坚固的专利壁垒，要在这样的环境下寻求突破，难度可想而知。

正如摸着石头过河，而石头寥寥无几。一系列关键技术难题，如同难以逾越的险峰，横亘在项目负责人王文燕面前。她回忆道："在催化剂合成过程中，我们尝试了无数次的配体组合，试验和推演不下五六百次。"

突破封锁绝非易事。聚合体系黏度大、传质效率低、传热性差、易飞温以及 POE 产品挥发分过高等问题层出不穷。这些问题如同将超黏水泥倒入罐中搅拌，转动困难、能量积聚、无法有效传递，导致效果难以达成。因此，如何设计选型关键核心设备、能否开发出解决问题的工艺，成为能否顺利进入中试阶段的关键。

从零开始，打响施工建设"决战"

千吨级 POE 中试装置一次开车成功，顺利产出合格产品

  为了早日取得突破，王文燕整日沉浸在"模式—讨论—再模式—再讨论"的循环中。与高宇新的讨论常常因技术难点而激烈展开。此时，没有职位高低，只有技术的碰撞。高宇新常在讨论后笑称："你确实是一言九'顶'！"

  正是基于这样的交流，他们从 POE 催化剂的研发开始，推动工艺开发及产品定型，推动模式装置累计运行超过 3000 个小时，获取成套数据 600 余组，制备样品 200 多批次。这些数据的背后，是团队"锁不住"的拼搏精神。经过合力钻研，2020 年，POE 创新团队完全自主研发的第一代催化剂通过认证；2023 年，第二代催化剂研发成功。

## 鏖战 87 天——身在大庆，就得有铁人的血脉

2022 年，千吨级 / 年溶液法高端弹性体试验装置建设通过审批，选定在大庆建设。在这片沼泽地上，利用自主研发技术建设首套装置，实现从无到有的突破，实属不易。

在此过程中，"急"字成为每个人的心头大事。首要之急是用地审批。为尽早开工，高宇新多次率领团队与地方政府深入沟通，副主任张文成则频繁奔波于政府土地行政各主管部门之间。科研团队为技术创新所展现的勤勉与执着，最终赢得了市政府、区政府的充分理解与支持，用地审批得以顺利通过。2023 年 2 月 13 日，石化院的"1 号工程"——千吨级 / 年溶液法高端弹性体试验装置破土动工。这是所有 POE 研发人员翘首以盼的日子。

然而，第二个"急"接踵而至。时值寒冬，大庆的冻土层厚达 2 米，导致施工进展极为缓慢。

现场人员通过科学规划、方案优化，最终决定采取多点、多区域作业策略，优化空间布局、提升作业效率。面对工期紧迫、工况复杂的局面，这项任务在当时被视为"不可能"完成的任务。但就是在这样的环境下，高宇新带领全体参建人员立下"军令状"：POE 中试装置建设必须保质、保量、按期完成。

"军令状"即责任。为了让团队更有方向，高宇新带领团队倒排工期，制定详细方案，逐一落实细节，紧抓各个关键节点。面对低温恶劣的施工环境，他们采用"农村扣大棚"的方法，用塑料布覆盖施工区域并通入蒸汽，以保障施工温度。高宇新笑称："往往最朴实的办法能起到意想不到的作用。"面对一个又

一个难题，高宇新带领团队逐一攻克。因为战斗已经打响，唯有勇往直前！

"一天走三四万步很正常，去年发的那双工鞋都跑坏了。"石化院大庆中心树脂研究所的孙彬彬在回忆中试装置建设过程时说。当团队成员被问及当时面临的艰辛与困难时，他们总是淡淡地回答："当时没顾上想这些。"但工作期间留下的照片记录了他们的辛苦付出：办公桌上堆满了文稿，仅基础设计图纸就达300余页。他们回忆说："这些文稿是项目组经过20余次反复修改才最终确定的。我们在推翻、重建的循环中不断精进，有时甚至为了一个项目单元，就要讨论一整天，以确保每个细节都尽善尽美。"经过仔细审查工艺流程、设备数据和操作参数，团队最终落实了800余条审查意见，确保施工安全与有序推进。

工作人员在万吨级聚烯烃弹性体生产技术工艺包审查会上认真讨论

2023年2月13日至5月20日，经过87天鏖战，从一片平地到装置耸立，团队创造了建设奇迹，完成了"不可能"完成的任务。

## "大兵团"作战——作战不分你我他

"这套装置的成功，凝聚了众多企业和大家的心血。我们与大庆石化、抚顺石化等兄弟单位紧密合作，采用大兵团作战策略，终于啃下了这块硬骨头。"石化院大庆中心副主任张文成颇有感触地说。

此次任务时间紧迫、责任重大，参与单位和人员众多。在装置建设推进过程中，团队摸索出"大兵团"作战模式：一旦需要技术支援，立即有多名专家现场驻扎；一旦面临技术难题，立即有团队进行攻坚；一旦需要操作人员昼夜坚守，立即调集各方力量扩充队伍。

大庆石化聚烯烃部党委书记吕书军，是支援队伍里比较有经验的项目协调人。被问及"生产高水准产品有何感受"时，他说："感觉很兴奋。"然而，参与项目的每个人都深知，这简单的5个字背后，包含着喜悦、激动，也包含着困苦、焦急等复杂情感。为了鼓舞士气，吕书军组织制作了条幅："拼搏到无能为力，努力到感动自己。"每当大家不分昼夜地忙碌时，他就指着条幅，激发大家的干劲。吕书军感慨："常常是天未亮，我便登上4层装置。从周围一片漆黑到与朝阳并肩，我真切地感受到了迎接新日的美好。"

该装置投运时，大庆石化马上要进行5年一次的装置大检修。POE试验装置开工需要大庆石化提供原料及公用工程保障，一旦错过，开工将至少延后2个月，后续的设备改造、流程优化、二次开车等也将随之延迟，影响试产及产品上市。为此，大庆石化派出11人专业团队深入现场"三查四定"，协助装置开工。终于在大检修前打通装置流程，首批产品试产成功。

在"大兵团"模式的带动下，一支来自不同单位、负责不同工作，为了一个共同目标而努力的党员模范队伍——"一号工程"党员突击队应运而生。这个队伍抓安全、抓质量、保工期，想方设法解决各类难题，历经近3个月昼夜奋战，终见曙光。

2023年10月24日，中国石油首套"千吨级/年溶液法高端弹性体（POE）试验装置"成功开车，顺利打通全流程。POE颗粒从中试装置产出的瞬间，大家的心情无比激动。高宇新兴奋地说："这些颗粒凝聚了团队10年的艰辛探索。我们终于成功了！"

奋斗者追风逐月，关键在于笃行不怠。开车成功后，POE创新团队并未停歇，继续肩负重任，投入后续优化调整中。未来，他们将继续迎难而上，依托中国石油1-辛烯自主研发技术及资源优势，全力打造乙烯—辛烯—POE弹性体完整产业链，誓要打赢POE攻坚战，为炼化新材料高水平科技自立自强提供有力的支撑和引领。

（高　晗　葛腾杰）

感动石油人物

石化院"POE 创新团队"代表在第二届"感动石油人物"颁奖现场

## 获奖感言

这份集体的荣誉，凝聚着团队的心血，闪耀着团结奋进的光芒。我们多年如一日地深耕细作，收获了沉甸甸的认可，内心满是欣慰与自豪。但这只是征程中的一座里程碑，前方万吨级工艺包正等待我们去实现产业化。我们坚信，凭借自主创新的利刃，定能斩断POE技术的"卡脖子"枷锁，让中国POE自主技术屹立于世界舞台。我们将集全员之力优化工艺流程，攻坚关键技术，为推动中国POE技术的跨越式发展不懈拼搏，书写更多属于我们的荣耀篇章。

扫一扫观看
第二届"感动石油人物"石化院"POE创新团队"短片

# 万米深井攻坚团队

领奖代表：王春生（塔里木油田）　　林　楠（西部钻探）
　　　　　曾同生（勘探院）　　　　　张炳军（中油测井）
　　　　　侯文辉（宝石机械）　　　　杨海军（工程技术研究院）
　　　　　龙　岩（工程材料研究院）

## 颁奖词

大国重器战沙海

进军深地挺脊梁

探地宫，破译地球密码

寻油气，征服超深领域

穿越亿万年，遇见沧海桑田

万米之巅，揽风光无限

地球深部，镌刻下新的中国深度

感动石油 2024

2024年3月4日，中国石油塔里木油田深地塔科1井突破万米大关

万米深井攻坚团队接连攻克一系列世界级难题，推进我国首口万米深井——深地塔科1井突破万米大关，使其成为世界陆上第二、亚洲第一垂深超万米井，并创造了当今世界钻探1万米深井用时最短纪录。来自几十家单位、数万名前后方的工作人员，日夜奋战、通力协作，在9000米以深的"无人区"钻出一条勘探"新路"，引领我国步入深地"万米时代"，彰显出中国石油当好能源保供"顶梁柱"的勇毅担当。

团队事迹

**团队通讯**

# 开启深地新纪元

茫茫塔克拉玛干沙漠腹地，朔风呼啸，一台红白相间的钻机高耸入云，尤为亮眼。钻台之下，金刚石钻头穿透了12套地层，在深地"无人区"，开辟出了一条纵贯地上与地下万米的通道。

这里是我国首口万米深井——深地塔科1井的钻井现场。2024年3月4日，一个历史性的时刻于此刻定格：深地塔科1井突破万米大关，刷新了亚洲最深直井纪录，同时也创造了全球陆上万米深井钻探最快用时纪录，标志着我国超深井钻探能力及配套技术正式跻身国际先进行列。

一系列纪录与成就的背后，是来自中国石油万米深井攻坚团队数万名成员的付出与攻坚。他们当中，有的人在沙漠中的井场现场坚守，有的人在远程监控的"云上"支持，有的人在新一代抗高温高压材料的研发实验室里反复试验，有的人在运输补给的沙漠公路上往来穿梭……但他们都有着同一个目标——为我国深地油气勘探开启新纪元。

## 集结：向地球深部进军

"向地球深部进军是我们必须解决的战略科技问题。"习近平总书记的嘱托言犹在耳。

上天尚且不易，入地更为艰难。中国工程院院士李宁就曾

感动石油 2024

塔里木油田安全监督与勘探人员正在测量钻头安装间隙

指出，入地难度堪比登月。

但深地却有着巨大的能源宝藏。近年来，世界新增油气储量的 60% 来自深部地层。

"如果能把深地油气的资源经过万米钻探揭示发现，我觉得可以供我们国家用很多年。"中国工程院院士赵文智说。

为了这一目标，中国石油从未停止对深层超深层的探索。从 20 世纪 70 年代我国第一口超深井女基井，到深度超过珠穆朗玛峰高度的轮探 1 井，中国人探索地球深部的数字被一次次改写。但也因为超深地层所带来的超高温、超高压、高应力等挑战，中国人在深地领域探索的脚步定格在了 9000 多米。

如果再往下会有新的油气发现吗？会找到油气的"龙头"吗？

082

中国石油人迫切想知道这个答案。

为贯彻落实习近平总书记关于向地球深部进军、保障我国能源安全系列重要指示批示精神，集团公司党组作出万米深地科探工程重大战略部署，最终决定在塔里木盆地开钻我国首口万米井。

超深钻井是一项涉及地质学、力学、材料学等多个学科的系统性工程，代表着一个国家钻井的最高水平。近年来，负责该井的塔里木油田持续攻关深地地质理论和工程技术难题，7000米钻探已成常态，8000米钻探技术已然成熟，9000米特深井接连成功，这才让万米钻探得以如画卷般展开。

深地塔科1井钻井技术人员在司钻房内紧盯管柱下放数据

而向万米进军绝非哪一家的"独角戏"。塔里木油田联合西部钻探、宝石机械、工程技术研究院、勘探开发研究院、工程材料研究院、中油测井等多家单位共同组建中国石油万米深井攻坚团队，合力攻关万米钻探这项世界级难题。

各家单位相继拿出了"压箱底"绝活——

塔里木油田大力推行地质工程一体化，建立基于地质风险精准识别和工程控制能力评估的井身结构设计方法，为安全平稳钻探夯实了基础；西部钻探集中优势资源力量，数智化赋能科学钻井，全力打造深地钻探第一军；宝石机械启动了对于自动化万米钻机的研发工作，设计出了全球首款12000米特深井自动化钻机，实现了自动化钻机万米级跨越的重大技术突破；工程院通过上百次的配方调整，上千次的体系试验，研发出了抗温220摄氏度井筒工作液；勘探院研发了层间多次波压制技术，使得万米深层地震成像"看得更清""看得更准"；材料院参与研发了175兆帕特高压井口及配套装备，解决了高强度金属承压基材选材技术难题；中油测井攻克了超高耐温承压和大井眼环境校正等关键技术……万米特深井安全高效钻完井等一批关键核心技术正被陆续攥在手里。

万事俱备，枕戈待旦，等待开钻！

## 迎战：来自万米"无人区"的"战帖"

2023年5月30日，一声响亮的汽笛声回荡沙海，深地塔科1井正式开钻，开启了叩响万米地宫的探秘之旅。

在塔里木油田前后方专家以及各方支持单位的保驾护航下，深地塔科1井一路"高歌猛进"——开钻4日，进尺深度来到

1000 米；开钻 58 天，钻探深度过半；钻进 209 天，突破 9000 米……在此期间，深地塔科 1 井还先后在二开、三开固井下套管作业当中，创下我国大尺寸套管下入最深、套管下入吨位最大、大尺寸井眼国产仪器测井最深等多项纪录。

然而 9000 米以深后，没有了任何邻井参数可借鉴参考。

未知，成了这口井当下最大的挑战。即使是经验丰富的塔里木油田企业首席专家、深地塔科 1 井井长王春生也坦言，接下来每向下 1 米，都像是在"无人区"里凿出一条路。

"钻具在地下是何种运动状态？""可能带来哪些危害？"没有一个人能去预测。

伴随着新年的钟声，时间来到了 2024 年。农历正月初八这天，井场像往常一样刮起了沙尘暴，井场的能见度因黄沙弥漫而不断缩小。忽然，二层平台上忽然传来轰的一声巨响，大钩仿佛脱缰的野马朝反方向迅速弹起，顿时间地动山摇。

"就跟地震了一样。"西部钻探 120001 队平台经理林楠回忆当时的情况。

一时间，身着不同颜色工服的工程师、监督不顾一切地往钻台上跑；3000 公里外的北京，中国石油工程作业智能支持中心的专家们也在紧急集结——他们迫切想知道，这口井到底发生了什么？

经查明，钻杆在井中发生了断裂，290 多吨的下部钻具在狭窄的井眼中进行了长达 8 米的自由落体，垂直地砸向了井底。纵观国内，还没有出现过如此深度事故复杂的案例，在场所有人的心情都降至了冰点。因为稍有不慎，上万人近 300 天的努力可能就要付诸东流。

感动石油 2024

中国石油塔里木油田深地塔科 1 井

而此时，钻头距离万米只差 23 米。

随后的时间里，现场团队先后打捞钻杆 6 次，均告失败。技术人员使用震击器反复震击管柱，快速憋压、泄压……经过连续 15 个昼夜的作业，先后 60 次震击解卡，现场团队终于成功处置了井下复杂情况。

"下面钻具有的地方瞬间成了 90 度的折角，有的成了麻花式的弯曲，超出了我们钻探人对钻具冲击的认知。"当捞出钻具时，西部钻探 120001 队支部书记王红杰一度难以置信。

来自万米地层未知的挑战远不止这些：卡钻、憋堵、恶性井漏等复杂情况轮番而至，深地塔科 1 井一次次命悬一线！

面对最后的 23 米，现场团队丝毫不敢大意，更加严阵以待。塔里木油田钻井总监闵鹏最长在井上连续值守 4 天 4 夜；林楠与王红杰不再轮流值班，同时守在井上以应对突发情况；工程院企业高级专家杨海军日夜"窝"在井场的钻井液实验室，反复测试入井液体性能；材料院高级工程师龙岩组织团队火速开展高应力状态下接头服役行为验证研究，为钻杆上扣作业提供技术支撑……

面对即将揭开的万米地层面纱，所有人都兴奋又紧张。

## 突破：几代石油人"梦想照进现实"

2024年3月4日，深地塔科1井继续向万米地层发起冲击。与往常不同的是，钻台上缓慢旋进的钻杆正中系着一朵大红花——这是通往万米地层的最后一根钻杆。

此刻，年仅26岁的司钻何建涛正操纵着这台"国之重器"，他手上的快与慢、轻与重、缓与急，都关系着井下钻具的命运。在所有人的注视下，他稳稳地将这根钻杆往下送。当时间定格在14时48分48秒，只听人群中有人喊了一嗓子："到了，到了！"

万米，终于到了！深地塔科1井迎来了阶段性突破，亚洲最深直井的纪录再次被我国刷新，标志着继深空、深海探索大自然的壮举之后，我国在深地领域又取得了重大进展。向地球深部进军，这个承载了几代中国石油人的梦想，终于照进现实。

塔里木油田时任勘探事业部经理的段永贤，对着媒体的直播镜头真情流露："国家超级工程的成功和这中间过程的煎熬，只有参与过的人才有感觉。"说完，他早已泪流满面。

勘探院保真地震处理学科带头人曾同生在位于北京的实验室里同样关注着这个震撼人心的时刻。一想到这项国家油气重大工程中有他和团队的贡献，自豪与欣喜之余，连续13年专注研究一件事的成就感更加具象了。

越是经历艰难的过程，越能有难得的收获。

作为一口科学探井，深地塔科1井将在万米以深探测油气的源头。一旦发现了工业油流，对于扩大油气资源规模、保障国家能源安全都有着重要意义。通过对万米地层的岩芯与岩屑进行测试分析，万米成烃机理、5亿年前亚欧板块有哪些"邻居"、生物大灭绝有多少不为人知的秘密……这些悬而未决、困扰世界科学家多年的地质谜题也可能浮出水面，为我国深化油气成藏理论认识、进一步开展深地探测、创新深地科学理论、发展深地探测技术提供实物资料与基础研究支撑。

与此同时，中国工程院院士孙金声认为："万米深井钻探不仅可加快打造万米超深层油气资源钻探关键技术，而且将带动我国深地勘探开发整个产业链不断进步。"特高温钻井液、特高压压裂车等一批深地钻探关键核心装备技术正在深地塔科1井的锤炼下，开始提前布局研发。

探秘地球前传，中国石油正不断加快深地钻探的步伐，钻出更多、更深的"地下珠峰"，在保障国家能源安全、探索地球的征程上奋勇向前。

（余果林　王成凯　李　涛）

感动石油人物

万米深井攻坚团队代表在第二届"感动石油人物"颁奖现场

## 获奖感言

非常荣幸能够获得"感动石油人物"这一荣誉称号，这是对我们团队不懈努力和辛勤付出的肯定。在探索深地的征途中，我们遇到了无数挑战，但正是这些挑战，让我们更加坚定了前行的决心。

"向深而行，知难而进"是我们科技工作者的责任担当。面对深地钻探这一世界级难题，我们有信心、有决心、有能力战胜一切艰难险阻，继续向地球深部进军，把深地塔科1井打好、打成！

我们深知，这份荣誉不仅属于我们团队，更属于所有为石油事业默默奉献的人们。未来，我们将继续秉承初心，勇攀科技高峰，为祖国的石油事业贡献更多力量。

扫一扫观看
第二届"感动石油人物"万米深井攻坚团队短片

## 现场互动

**主持人** 让我们用最热烈的掌声向最优秀的团队致敬!

其实在开始这段采访之前,我们的导演给我安排了站在中间,可是站在后台我一直在看他们的短片,我突然间觉得,站在灯光最闪耀处的一定要是他们。向他们表达我们深深的敬意。

尤其是他们两个团队攻坚小组的带头人,王文燕、王工,王春生、王首席。欢迎你们!

王工,当您面向着咱们所有可爱的石油人的时候,您说什么我们都爱听,所以您可以看着大家回答。您就告诉我们,这 POE 什么时候能实现咱国家的使用自由。

**王文燕** 感谢主持人!站在这里还挺紧张的。我想,我们中国石油的 POE 产业化已经是近在咫尺了,就在明年,我们中国石油的首台万吨级 POE 的工业装置,将在大庆石化开工建设,紧接下来蓝海新材料、兰州石化公司也会陆续上马 10 万吨级的 POE 工业装置。到 2027 年,我们中国石油将会有 23 万吨 POE 产能得到释放。到那个时候,我们将替代接近三分之一的进口产品。我们有信心,通过我们的自主技术来实现 POE 整体产能卡脖子技术的攻关,实现我们 POE 自主技术的成功。谢谢大家!

**主持人** 谢谢!咱们石油人,给他们竖个大拇指吧!你们真棒！

王首席，刚才我们在短片中看到，当我们深井达到1万米的时候，有人忍不住流泪，他们几十年辛勤付出、攻坚克难化成的那些力量迸发出来的是笑、是泪、是感慨。再回到那一刻，那个1万米数字出现的时候，你眼前浮现的是什么画面？

**王春生** 这个1万米数字跳出来的时候，我就在现场，确实有点小小的激动和高兴。为什么说有点小小的激动呢？其实1万米只是一个井深，令我更高兴的是，我们塔里木油田30多年来工程技术的沉淀和积累有了成果，让我们超深钻探的技术在这口井得到了验证，尤其是我们的国产化钻具和钻工具、钻井液、油套管以及我们的钻探装备，像我们1.2万米电动钻机在这口井得到了验证，使得我们在超深井钻探领域已经达到了世界的先进水平，这是我更高兴的一个事情。但是1万米只是一个起点，我认为，往后我们还有1.1万米、1.11万米。要达到集团要求我们的设计井深，1万米只是万里长征走出了第一步。

**主持人** 我们永远可以对万米团队有更多的期待！在我们中国踏入万米时代的路上，他们值得我们更多的掌声。谢谢你们，向你们致敬！

对于今天站在台上的每一位小组成员来说，他们可能都有千言万语想跟大家讲，但是我觉得此时此刻我们更想知道他们的名字。把你们的名字大声地告诉我们。

| | |
|---|---|
| 王春生 | 我是塔里木油田王春生，是深地塔科 1 井的井长，负责现场的工程技术。 |
| 林　楠 | 我是西部钻探 12001 钻井队平台经理林楠，我们团队主要负责现场钻井作业及生产组织保障。 |
| 曾同生 | 我是勘探开发研究院的曾同生，我们团队主要承担深地塔科 1 井的随钻、地震成像解释和处理工作。 |
| 张炳军 | 我是来自中油测井的张炳军，我们团队主要负责万米深井测井装备的研发和技术服务。 |
| 侯文辉 | 我是来自宝石机械的侯文辉，我们团队的主要任务是万米自动化钻机的研发和钻机现场的服务保障。 |
| 杨海军 | 我是来自工程技术研究院的杨海军，我们团队主要负责深地塔科 1 井钻井液技术。 |
| 龙　岩 | 我是工程材料研究院油气钻采输送装备全国重点实验室的龙岩，我们团队主要负责钻具材料评价与科研保障工作。 |
| 王文燕 | 我是聚烯烃弹性体创新团队负责人王文燕，我来自石油化工研究院。 |
| 王力搏 | 我是石油化工研究院王力搏，主要负责单体技术开发。 |
| 赵兴龙 | 我是石油化工研究院的赵兴龙，我负责 POE 装置的建设运行及日常管理工作。 |
| 王科峰 | 我是来自石油化工研究院的王科峰，我主要负责 POE 的结构分析与表征工作。 |

刘　龙　　我是石油化工研究院的刘龙，主要从事工艺包开发。

曲　峰　　我是石油化工研究院的曲峰，主要负责装置操作。

主持人　　当他们质朴地念出自己的名字和自己负责的工作的时候，我们现场出现了从未有过的安静。作为石油科技自立自强的底座，他们让我们看到了石油人真正的精神和丰碑，再次为他们点赞！谢谢你们！接下来我们要请 POE 团队先回席就座。因为导演告诉我，这万米团队不仅干得漂亮，而且唱得好听！大家想听吗？接下来有请我们的万米团队带来《万米之巅》。

合　　　　…………

　　　　　铁人的部下守着塔河的月圆

　　　　　就是为了和你一起把根扎进万米的深

　　　　　钻透那白垩纪火热的地泉

　　　　　用它洗礼我们身上沾染的风雪

　　　　　探秘地球前传

　　　　　我们在塔科壹

　　　　　走向新的纪元

主持人　　原来用心唱出的歌能如此动听，唱得人心潮澎湃，也唱得人泪眼蒙眬。刚才我看了一下直播，有很多很多的网友都说非常感动。真的，每一年我们都被"感动石油人物"感动着，我们的心里除了有对他们深深的敬意，还有一种呼唤，就是希望有更多的石油人被看见、被听见。

## 郑有录

**昆仑物流青海分公司 LNG 配送中心驾驶员**

### 颁奖词

600多个来回，你穿行生命禁区

276万里，你安全行驶零事故

走昆仑，踏风火

翻越唐古拉，跨过沱沱河

一条能源天路，雪山映照

长长的车辙

是你写在世界屋脊的一行行"诗"

感动石油 2024

为确保行车安全，郑有录每一次出发前都要认真检查车辆燃气阀门

**人物事迹**

郑有录是第一批执行西藏天然气配送任务的驾驶员。12 年间，他在青藏线累计行驶 138 万公里，创造了安全行驶超百万公里的奇迹，为拉萨的清洁能源保供作出了卓越贡献。他先后被授予昆仑物流公司先进个人和中国石油集团先进工作者称号。

## 人物通讯

# "天路"保供人

他是一名 LNG 槽罐车司机，为了藏区人民的温暖，每年有 300 多天奔波在"天路"上，12 年间行驶 138 万公里，相当于绕地球赤道 34 圈。这些数字，也是中国石油"气化西藏"工程的生动记录。

他是中国石油昆仑物流有限公司青海分公司的驾驶员郑有录，他的工作是开着 17 米长的 LNG 槽罐车从青海格尔木向西藏拉萨运送天然气。一个来回要跑 2300 公里，顺利的话要五六天时间。12 年下来，他跑了 600 多个来回，从无事故，创造了安全行驶超百万公里的青藏线奇迹，为拉萨的清洁能源保供作出了卓越贡献。

### "像电影里的英雄一样被人需要"

西藏不产一升油、一方气。过去，因缺少足量的能源供应，在冬季长达半年的西藏，集中供暖是一件可望而不可即的事。

2011 年 10 月，世界海拔最高的天然气站——拉萨天然气站投产。有了稳定的天然气供应，拉萨市政府于 2012 年开始了集中供暖改造。这一年，郑有录入职中国石油昆仑物流有限公司。他入职后的第一趟活就是将 21 吨 LNG 从格尔木送到拉萨。

从格尔木出发，车辆要翻越海拔 4768 米的昆仑山口，夜里

感动石油 2024

郑有录执行卸液操作

要住在海拔4600多米的五道梁或者沱沱河等地；要穿越可可西里保护区，还要翻越海拔5231米的唐古拉山。高原冻土层已经把1000多公里的109国道变成了搓板路。

"即便是夏天，运送天然气也要穿冬装，因为青藏高原是高原性气候，夏天沿途也会下雪，冬季大雪覆盖、路面结冰，较差的路况和高原反应是对驾押人员最大的考验。"郑有录向记者介绍。

时隔多年，他仍记得第一次配送LNG时的情形。

11月的青藏高原气温已降到零下20多摄氏度，风雪漫天。车辆行驶至海拔4700多米的昆仑山口时，他的太阳穴剧烈地疼痛……为抑制高原反应，他将几粒红景天塞进嘴里。

车辆行驶至可可西里时，平地泛起一团团雾气，能见度极低，不时有藏羚羊、野驴从车前一闪而过，远处还能看到野狼幽绿的眼睛……驶出无人区，他才发现后背的棉衣都被冷汗浸湿了。

接下来的路越来越难走。颠簸、缺氧、高寒，他不得不一边吸氧一边拍打着脑袋让自己清醒，随车押运员也不时地提醒他注意安全。这种状况一直持续到翻过唐古拉山。

这一路上，郑有录心里只有一个念头：回到格尔木就辞职。可是，当他到了拉萨天然气站，看到路边的藏族群众欣喜地对着LNG槽罐车挥舞着哈达时，他又觉得自己"像电影里的英雄一样被人需要"。

此后12年，郑有录的工作周而复始——在格尔木装好车就出发，到了拉萨，卸完气，休息2个小时立即返程。他的最高纪录是一年跑60多个来回，简单折算，当年有超过300天在路上。饿了泡一桶面，困了就把车停在路边睡一觉，风餐露宿是这份工作最真实的写照。

## "好好开车，给西藏送更多的气"

青藏线上四季不分明，近处青黄相间，远处白雪皑皑，有时候行驶几十公里都看不到一个人影。每次路过沱沱河加油站，他都会进站加油。跟加油员聊天，是他一路上少有的"社交"。这些年，加油站的员工已换了好几拨。

与车轮相伴，一年接着一年跑，郑有录的心也慢慢静下来了。夏季的青藏线上，他偶尔会看到朝圣的队伍。路过他们身边时，郑有录会刻意放慢车速。

"他们心里有座山。不管到冈仁波齐的路多远、条件多艰苦，也都不怕了。"郑有录轻声感慨。

"那你内心的'山'是什么呢？"记者问。

他想了想，回答道："好好开车，给西藏送更多的气，算不算？"

就在这奔往冈仁波齐的"天路"上，郑有录坚持了12年，成为送气队伍里资历最深的驾驶员。

记者请他讲讲这12年里记忆较深的故事，他回答："没啥值得讲的。"

对郑有录来说，一天经历四季变化是正常的，因车辆抛锚在大雪纷飞的唐古拉山上等2天是正常的，从野兽出没的无人区穿行也是正常的……一般人觉得心惊胆战的经历，在他看来都不值一提。

唯一让郑有录觉得骄傲的是，在如此艰险的道路上行驶138万公里，从无事故。"连小剐蹭都没有。"他特意强调了一句。

## "哪有什么英雄，一个司机而已"

2019年3月，青海格尔木至西藏拉萨G109国道沿线遭遇罕见大雪，温度降至零下28摄氏度。加之拉萨地区重点工程项目陆续启动，拉运物资、设备、生活用品的车辆急剧增加，沿途交通事故多发，车辆拥堵，整条青藏线几乎处于瘫痪状态。

郑有录也被困在这个拥堵的队伍里。他在海拔4000米至5230米的青藏线上，一方面，要面对严峻的通行安全和保供压力，另一方面，还要克服头疼、胸闷、气短等高原反应和感冒的风险。好在郑有录有着丰富的青藏线公路行车经验，也准备了充足的食物和药品。

感动石油人物

郑有录每年有 300 多天奔波在青藏线上，12 年间安全行驶 138 万公里

  由于部分外省车辆没有跑过青藏线，不了解天气情况，车辆只加注了 0 号柴油。气温骤降后，这些车辆因油路结蜡无法启动，导致道路堵塞。郑有录主动帮助这些车主清理维修，遇到车辆电瓶亏电打不着火的情况，他就用自己车上的电瓶帮车辆打火启动，疏通堵塞的路面。这一趟配送，郑有录自己也记不清到底帮助了多少台车，记不清自己车上的食物和药品分散给了多少人……最终，原本需要 5 天的配送任务，郑有录用了 8 天时间才安全返回。

  在那趟任务完成后不久，配送中心陆续有外地车辆来拜访感谢。尽管郑有录当时没有留下联系方式，但他们记住了那天帮忙的中国石油车辆和这个黝黑的汉子，辗转找到配送中心，对郑有录表达了感激之情。

采访时,记者用到了"平民英雄"这个词,郑有录赶紧纠正:"哪有什么英雄,一个司机而已。出门在外,都不容易,我只是搭了把手,我们的同事无论谁在那里,都会这么做的。"

## "他长大以后就能理解我了"

在儿子的记忆里,父亲自从到昆仑物流上班,几乎没和他一起共度过春节。

"过年的时候,是西藏用气最多的时候,你阿大(青海方言意为爸爸)和工友们全都值班忙不过来。要是他们回家过年,那里的人就得挨冻。"妻子替他向孩子解释。

郑有录不善于表达感情,也从不解释什么,这导致父子感情有些"淡"。偶尔与孩子视频通话,父子俩也是相对无言。

昆仑物流 LNG 运输车辆行驶在青藏线上

2023年7月，郑有录的老母亲病重，得知这个消息的时候，郑有录还在去往拉萨的路上。因为没办法赶回西宁，母亲的最后一面他也没能见上。两个儿子从小由奶奶带大，和奶奶的感情很深。奶奶去世的时候，对于父亲没能及时赶回身边，小儿子有一肚子的委屈。每每想到母亲和孩子们，郑有录心里都有说不出的愧疚。

"虽然老郑常年不在家，但是我理解他，所以有时候我也会跟儿子解释一下他爸爸的工作。"郑有录的妻子说道。

"对儿子，我是有亏欠的，但是我相信等他长大后，会慢慢地理解我。"郑有录对记者说。

对于西藏12年来的变化，郑有录最直观的印象是：当年进藏，会看到成群结队的牧民在拾牦牛粪。这些年，拾牦牛粪的人越来越少了，市民们排队买煤球的场景也很少再见到……

中国石油向拉萨运送的天然气，从最初的每年不足100万立方米增长到2023年的6595万立方米，藏区人民享受到了时代发展的红利。像郑有录一样，年复一年默默行驶在雪域高原上的昆仑物流人还有很多，他们为保障油气供应、端牢能源饭碗，在千里运输线上忙碌着，用自己的实际行动诠释着中国石油的责任、使命和担当。

12年来，昆仑物流累计向西藏拉萨配送天然气近6.5亿立方米，为拉萨11万居民送去了温暖，送去了烟火，更送去了幸福！

（孟建红）

郑有录获颁第二届"感动石油人物"荣誉称号

## 获奖感言

今天，我有幸获得"感动石油人物"称号，能被更多的人知道在"天路"上有一支"铁军运输队"，那种成就感是无法用言语来描述的。多年的运输历程让我深刻体会到，我手中的方向盘不仅仅关乎自己的安全和对家庭的责任，更承载着能源运输的重任和千家万户的期盼。每一次出发，都是为能源安全运输保障作贡献。无论前方有怎样的艰难险阻，我都将使命必达。

扫一扫观看
第二届"感动石油人物"郑有录短片

# 袁婷婷

上海销售沪西分公司经理助理、嘉定党支部书记、嘉定第四加油站经理

## 颁奖词

走出大别山

逐梦大上海

从加油员到站经理

从方寸小油岛到人民大会堂

你是奔跑在新时代的奋斗者

播撒爱心、服务四方、传递力量

宝石花开

"婷婷"玉立

感动石油人物

袁婷婷始终扎根加油一线,她以"三心"服务赢得石油"蓝玫瑰"的美名

**人物事迹**　　袁婷婷扎根加油站25年,从外来打工妹成长为上海市人大代表、全国五一劳动奖章获得者和党的二十大代表,谱写了一段基层劳动者的励志传奇。她以"三心"服务赢得石油"蓝玫瑰"的美名,把加油站小窗口打造成"城市会客厅"、社区好邻居、民生后勤站、城市劳动者爱心驿站,树立了中国石油良好形象。

人物
通讯

# 奔跑，向着光的方向

"袁站长，天冷了，我买了件羽绒服，地址填的是加油站。请帮我收一下，等我送完货后回来取。" 11月26日，拉了一车轮胎从江苏过来的货车司机李师傅隔着车窗大声跟袁婷婷打着招呼。

每天中午，嘉定第四加油站的休息室里总是格外热闹，这也是袁婷婷最忙碌的时候。在指挥完加油岛上的车辆妥善停靠后，她紧接着安排司机有序使用厨房、休息室、沐浴间等驿站服务设施。今年，被上海市嘉定区委社会工作部挂牌"入沪到嘉第一站"后，嘉定第四加油站又新添了快递代收、储物柜等服务。

嘉定第四加油站坐落在江苏进入上海的"老国道"曹安公路旁。25年来，袁婷婷始终坚守在这条路上的加油站，时刻将服务好过往车辆与行人放在心上，努力让他们的旅途更加顺畅、生活更加舒心。

## 结缘"宝石花"，绽放石油"蓝玫瑰"

袁婷婷的家位于安徽金寨大别山深处。1999年，因家庭变故，她不得不中断高中学业，来到上海务工，在曹安公路上的一座加油站找到了人生中的第一份工作。

每天，她总是最早到岗，最晚离开。加油站里无论谁需要

感动石油人物

2022年10月，袁婷婷当选为党的二十大代表，她的关注点扩展到了更多在路上奔波的人们

帮助，她都主动顶岗，力求让人放心地把事情交给她。很快，她便成了站里的业务骨干。2004年，中国石油收购了这座加油站。从此，袁婷婷与中国石油结下了不解之缘。

次年，袁婷婷被调至同样位于曹安公路沿线的嘉定第四加油站担任负责人。该站是公司销量垫底、员工管理难度大的站，公司对她寄予厚望，希望她能将"老站换新颜，弱站变强站"。

起初，员工们对这个年轻姑娘并不买账。对于公司规定的加油十三步流程，员工们心存疑虑："十三步流程确实细致，但我们是否能在保证效率的同时，也兼顾这些步骤呢？"当她提出微笑服务时，员工们反驳道："微不微笑不重要，把油卖出去才是本事。"

事情在一次挺身而出后发生转机。几个小混混见加油站都是女员工，企图加油后逃单，员工想要阻拦，却被小混混挥舞着棍子威胁："要钱还是要命？"这时，袁婷婷挺身而出，将员工护在身后："我是负责人，想要加免费油就来办公室找我谈。"将小混混引入办公室后，她迅速跑出门外，锁门、报警，动作一气呵成。看到嚣张的小混混被警察带走，那些平时不买账的员工们第一次拉着袁婷婷的袖子，称呼她为"站长"。

从此，人心齐，泰山移。为了吸引更多客户，她们骑着三轮车，走街串巷发放广告。2008年便利店开业之初，她们提出了真心、诚心、放心"三心"服务，一年四季，总有别出心裁的创意。每次促销活动，她们都会进商场、访超市、寻地摊，准确掌握3家以上的价格信息，掰着指头给客户算品质保证的安心账、货比三家的经济账、折扣赠品的实惠账和站外停车的风险账。连续举办5年的"三八"节"玫瑰之约"活动，已成为嘉定第四加油站与众多老客户的约定。她们用彩纸、彩色小毛巾等做成玫瑰花，每朵花中都藏着她们书写的祝福语。许多老客户都数着日子来赴"玫瑰之约"，袁婷婷也因此被亲切地称为石油"蓝玫瑰"。

在大家的共同努力下，这个曾经业绩落后的嘉定第四加油站一跃成为嘉定地区第一站，便利店也被评为"市民信得过的连锁店"。2018年，该站成为上海市800多家加油站中唯一的首届中国国际进口博览会"最美服务窗口"。

谈及过往，袁婷婷感慨道："我吃过苦，淋过雨，但我相信努力的力量，总希望能尽己所能，为那些在路上的人遮挡一点风雨。"这份情怀，在她2016年担任嘉定南区党支部书记后，有了更大的发挥空间。

## 为人遮雨，带出"能打胜仗的团队"

嘉定南区党支部所属 3 座加油站有 45 名员工，难处不少：周边 3 公里范围内有 53 座加油站，竞争非常激烈，导致团队士气不振；青年骨干缺乏明确的职业规划，对未来感到迷茫；有员工因不习惯开口营销，不善于向客户推介商品，对职业身份认同感不足……

看着一双双迷茫的眼睛，袁婷婷的使命感油然而生，立志要锻造出一支"能打胜仗的团队"。首要任务是提振信心。她细心挖掘骨干人员的潜力。嘉定第一加油站经理伍宣华擅长沟通，便让他主导客户开发工作；嘉松加油站经理龚亮认真细致，负责内控和损耗管理。这种各司其职、优势互补的管理模式迅速显现出成效，3 座加油站的业绩齐头并进，成为公司的一面旗帜。在上海销售公司第一届站经理大会上，袁婷婷及其团队成员龚亮双双获得创新管理突出贡献奖。

为了让年轻人在实践中历练成长，袁婷婷成立"创新工作室"，完成了 108 项创新攻关项目，探索出"ABC 岗位交叉管理""前庭主管负责制"。此外，党支部还先后培养了 6 名大学毕业生成为站经理和副站经理，并向机关输送了 11 名业务骨干。

为了让员工能在岗位上发光发热，袁婷婷鼓励大家，要人人练就绝招，总结出"大苗亲情服务示范法""周永红乡音服务示范法""陈加存精细算账服务法"等特色服务方法。这些以员工名字命名的独特技能，激发了团队争先创优的热情。

为了让"家"油站成为员工心之归属，袁婷婷特别关注嘉定第四加油站的情况。该站女工占比高达 85%，且过半员工的

感动石油 2024

家在外地。以往，许多员工为节省开支而选择不回家，孩子也无法带在身边。2017年7月的一天，一名员工在午餐时接到孩子的电话后，发出的一声长叹深深触动了袁婷婷。当天下午，她在党支部工作群中提出了开设暑期班的设想。设想得到了党员们的积极响应，还有几名员工主动提出免费为孩子们补课。经过集思广益，暑期班计划迅速出炉。2017年暑假，党支部有12名员工的孩子得以在妈妈身边度过假期，每天下午都有员工分科目为他们辅导功课。

　　此后每年的寒暑假，袁婷婷都会安排孩子们来站里看望妈妈，举办亲子活动，组织孩子们集体写作业。她还会亲自下厨

袁婷婷在便利店推介商品

为孩子们准备美食，孩子们亲切地称呼她为"袁妈妈"。今年夏天，3名曾参加过暑期班的孩子收到了大学录取通知书。员工陈加存的孩子田梦更是亲笔写了一封信，连同录取通知书一起送到了"袁妈妈"的面前。

袁婷婷深知，人生的道路始终要向着光明前行，"更大的舞台，意味着更大的责任"。

## 使命召唤，服务美好生活每一程

2017年，袁婷婷当选为上海市第十五届人大代表。怀着对培育她成长的石油事业和第二故乡上海的深厚情感，她将服务人民美好生活的每一程视为自己新的使命。

她深入探访"老、小、旧、远"小区，听取和反映群众的意见，积极推动并解决公共卫生改善、电动车充电设施建设、停车难等民生问题。她提出的解决曹安公路长达6年的积水问题、实行"社区垃圾分类"等建议均得以落地实施。

2022年上海战"疫"，袁婷婷刚做完手术躺在病床上，仍坚持每天拨打上百通电话，与社区工作人员、客户保持联系，安排人员调节、安抚员工情绪，确保加油站平稳运营，缓解了区域供油紧张状况。

江桥镇的一家企业有70名员工驻厂，物资采购困难。袁婷婷第一时间为他们配送了油品和生活物资。居民买菜难，她带领员工开通了社区生活物资团购服务，惠及周边3500户居民。就连特意从老家赶来照顾她做手术的亲人，也被动员成为"志愿者"，上门给独居老人、困难群众送去生活必需品。崇明方舱医院的援沪医疗队缺少手术鞋，袁婷婷不辞辛劳，多方收集信息，

袁婷婷探索推行"9+X"暖"新"服务机制，为不同行业群体提供定制化服务

最终在公司的支持下，成功采购并捐赠了手术鞋给医疗队。

2022年10月，袁婷婷当选为党的二十大代表，她的关注点扩展到了更多在路上奔波的人们。据统计，我国网约车司机、货车司机等就业群体已达8400万人。针对这一群体的生活痛点，袁婷婷设计了"9+X"暖"新"服务机制，根据不同行业特点进行定制化服务，如为网约车司机提供免费热饭服务，为长途车司机提供物品存放、收寄等便利。同时，她将服务内容和"暖心驿站"标识牌向社会展示，目前累计服务超10万人次。

袁婷婷还积极与政府和社会力量对接，与江桥镇联合发起"活动有嘉召集令"。流动党员到站扫码，即可参与嘉定党支部活动。2022年，嘉定第四加油站成为江桥镇首批小微网格党群示范服务点，并被授予"北HONG（虹桥）司机之家"称号。2024年，上海市嘉定区委社会工作部为嘉定第四加油站挂牌"入沪到嘉第一站"。

党的二十大以来，袁婷婷还肩负起了党的二十大精神宣讲的重任。她将自己的学习心得转化为群众易于理解的"身边故事"，走进驻沪央企、大学讲堂等，通过100余场生动的宣讲，分享了自己25年来坚守基层一线、书写"中国梦"现实版的心路历程，推动党的二十大精神在基层落地生根。

"婷婷"玉立，石油玫瑰。这颗落在石油沃土里的种子，始终向着阳光生长，与时代同行，为时代添彩，在都市潮中书写着石油魂的时代诗篇。

（邹春艳　王　群　张雅婷）

感动石油 2024

袁婷婷获颁第二届"感动石油人物"荣誉称号

## 获奖感言

这份沉甸甸的荣誉，是对我 25 年工作的肯定，是对我们的集体和行业的褒奖。这份荣誉更是使命的召唤，激励我和我的团队不断前行。它如同一枚闪耀的勋章，镶嵌在我们每个人的心中，激励着我们不断前行，勇攀高峰。

展望未来，我将带着这份荣誉，继续用心、用情、用爱去温暖每一个需要帮助的人，为新时代的奋斗者们加油鼓劲。

我相信，只要我们携手并进、共同努力，就一定能够创造更加辉煌的业绩，为实现我们的梦想而不懈奋斗！

扫一扫观看
第二届"感动石油人物"袁婷婷短片

## 现场互动

**主持人** 祝贺两位！祝贺您，郑师傅，祝贺！来，咱俩握个手，谢谢您。祝贺婷婷！

郑师傅，他们和我说其实您来中石油工作之前，打过好多份工，这怎么最后到这儿了，就把根扎下来不走了？

**郑有录** 自从来了中石油以后，工资这些都有保障，有安全感，拉萨的同胞们以前做饭和取暖烧的是煤和牛粪，自从他们有了天然气以后，做饭更加便利；再一个，空气也更干净，所以我觉得，我干的这件事情是有意义的。我就留了下来，一直在干。

**主持人** 朴实的郑师傅，说得有里有面的。首先，这儿待遇好，自己心里特别有归属感、安全感；其次，这儿的人特别需要他，自己觉得被需要是特幸福的事儿；另外，空气还好，晒黑点没事，健康，是吧？

**郑有录** 嗯！

**主持人** 其实中国石油的每一位石油工人，他们无论在什么样的岗位，无论在做什么样的工作，都特别喜欢见人说，"你好，我中国石油的"。反复和你强调这个工作单位，是因为他们觉得作为一个石油人，特别自豪。我觉得作为石油人的家属也特别自豪，听说今天您爱人也在现场，在哪儿呢？

让我们大家看一看，短片当中，带给我们很多泪点的，郑师傅的爱人。欢迎您！给我们大家介绍介绍，爱人也应该有自己的名字。让大家认识认识她。

**郑有录** 她叫吴生萍。

**主持人** 吴生萍——郑师傅，您夸她两句，当着她的面夸。

**郑有录** （笑）不会夸。

**主持人** 那我们大家替郑师傅用掌声夸一夸吧！（掌声）

谢谢，谢谢萍萍，谢谢！其实我们也要将掌声献给中国石油的每一位石油工人的家属，每一位在中国石油员工背后默默支撑的后盾，是你们，用你们的坚持，用你们的付出，让我们的这些石油人能够永远坚定，而且勇敢地做自己想成为的人，干自己想干的事。真的，不容易。

郑师傅用他眼眶里的眼泪表达了对爱人的感激和爱。谢谢！很多时候，感激其实不需要什么言语。萍萍，是不是？

在我们帮助别人，然后得到回应的时候，往往言语显得特别苍白。婷婷，你帮了那么多人，什么时候，或者在哪一刻，你心里觉得特值？什么话都不说，也特幸福？

**袁婷婷** 其实在我们这个工作岗位上，每天都会上演很多感动的瞬间。前几天，就有一件让我特别感动的事。我们"入户到家第一站"揭牌的当天晚上，就有一位司机大哥搬了6箱冷饮，放在我们的冰箱里。我们当时认为他是放在这里面暂存的。一个星期之后，他又过来看到包装特别完好的冷饮，就跟我们讲："怎么都没有动啊？我是特意买过来想着跟大家一起喝的，你们竟然一瓶都没有动。"

说实话，那一刻，真的让我感受到，爱和信任真的是会被感染和传递的，也让我更加坚信，这些年我所做的这些微不足道的小事都是值得的，我觉得，真的特别值得。

**主持人** 婷婷，在你们这样一个暖心的驿站里，你的那些伙伴们，他们的孩子，很多时候跟你待的时间更长，听说都已经培养出三个大学生了。今年，你的女儿也要高考了吧？

**袁婷婷** 是的。

**主持人** 上高三！

**袁婷婷** 上高三了。

**主持人** 现在能不能有更多的时间去陪陪她，多关注关注她？

**袁婷婷** 说实话，女儿从7岁的时候就回到老家上学，因为我工作比较忙，爱人也比较支持我，女儿一直在老家待到上完初中。我觉得这些年，我几乎没有陪伴过她。那到了高中，我想，是时候抓住这最后的重要阶段了。

我想陪伴她，所以就把她接到上海这边来学习了。但是，来了之后，我觉得，我还真就是没有时间去给她更多的陪伴。这也是让我感觉这些年对孩子特别特别内疚的事情，我觉得我做母亲是绝对不合格的。

**主持人** 因为我小时候也面对同样的情况，妈妈特别忙，没有多少时间陪伴我，所以我特想跟你说，婷婷，也许陪伴对她来说很重要，但实际上对她来说更重要的是，这样的妈妈，是她心里的一束光，你在她心里一定闪闪发着光，你以你的实际行动告诉她，人应该如何度过此生。

**袁婷婷** 我的女儿一直以我为骄傲。我觉得我也是她在上学前行路上的一盏灯塔。这是我女儿自己跟我讲的话，我感到特别欣慰。

**主持人** （掌声）大家的掌声，其实就是深深的认同。当我们为了生活、为了工作一丝不苟地投入的时候，相信生活一定会慷慨地给予我们一切。那些有关爱、美好和尊严的故事，一定都会跟随我们的信念常在我们的身边。

真的，再一次谢谢他们的付出，再一次向他们的家人致敬！谢谢每一个中国石油人，谢谢每个中国石油人背后的家人。他们告诉我说，虽然这来来去去的货车司机特别多，但是婷婷基本能做到过目不忘。我们今天就特别请来了一位货车司机。

我真不太敢相信，这天天人来送往的这么多人，她都能记得？来，李师傅！

李　剑　好久不见！

袁婷婷　你怎么有时间过来？

主持人　这是谁呀，婷婷？

袁婷婷　李剑师傅。

主持人　李剑师傅，今天没出车啊？

李　剑　本来是想出车的，节目组联系我说，袁站长得了"感动石油"这个奖，那我一定得来！

袁站长这一年的付出，得到这个奖，我非常为她高兴，我必须得来。

主持人　为啥必须得来？

李　剑　因为袁站长。我是 2011 年的时候刚开始跑上海，那时候我就在嘉四加油站加油，给我的感觉不一样的是啥呢，这个加油站跟别的地方不一样的是比较亲切，对我们比较关心，多一些问候。

我记忆犹新的是 2014 年的时候，我晚上加完油把车停到加油站边上，深夜里肚子非常痛。因为我们这个行业的人通常吃饭都不规律，我以为这次肚子痛也是老毛病引起的，挺一挺就过去了。早上袁站长上班的时候跟我打招呼，问了一下情况，就坚持要带我去医院，结果到医院发现是阑尾炎，当天做了个手术。跑车这些年啊，只要到上海，我还是喜欢到嘉四加油站去加油，到这里感觉比较亲切，就像回到家一样，比较熟悉。

**主持人** 今天你最想跟婷婷说的话是什么？说句有分量的！说句掷地有声的！

**李　剑** 恭喜！站长这几年的付出，我们都记在心里。我不太会说。

**主持人** 跟婷婷握手握得挺紧。情谊都在紧握的双手之间。

**李　剑** 我还能多说一句吗？我刚才看了郑师傅的短片，很佩服，跑那趟线真的不容易。我也是货车司机，为你点赞！

**主持人** 发自内心的点赞！谢谢，谢谢李师傅！跑车注意安全啊！注意身体！常来婷婷那儿！

# 冯建勋

中国石油（伊拉克）哈法亚公司
QHSE 部（安保部）经理

### 颁奖词

海外征程二十载

以身为护建功勋

舍小家，为大家

经风沙，历动荡

只身救人，独面危局

你不是"孤勇者"

你是万千海外石油人的安心之盾

感动石油人物

冯建勋驻守海外 22 载，践行守护中国石油海外员工安全的使命

**人物事迹**　　冯建勋是一名勇敢的海外石油安全卫士，多次经历危险而不改初衷。在尼日尔，他为了环评昼夜不休地在沙漠奔波；在伊拉克，他千方百计守护项目安全。海外征途二十载，他先后获得中国安全生产协会安全生产优秀青年专家、中国石油集团安全生产先进个人等荣誉称号。

> 人物通讯

## "哪怕离家万里，我也护你平安"

"请相信，我们每个人都会平安回家！" 9月25日，在中国石油第二届"感动石油人物"颁奖典礼上，中国石油（伊拉克）哈法亚公司QHSE部（安保部）经理冯建勋作出郑重承诺。他的声音坚定而温暖，传递出一股力量直抵人心。现场掌声雷动，表达着观众深深的敬意与感动。

中国石油"走出去"的征程并非一路坦途，石油人却不曾有过退缩。作为海外项目的安保负责人，冯建勋驻守海外22载，无数次与危机碰面。他总是冲在最前面，在困境中迎接风暴，用坚定的意志化解危机，践行守护同胞安全的使命。"哪怕离家万里，我也护你平安！"他的誓言是责任，更是承诺。

### 职与责——海外安防树标杆

在哈法亚油田的每一天，冯建勋的生活都被充实的工作填满。例行巡查、完善安保方案、与当地军警沟通、处理紧急事件……每一个细节，都关系着无数人的生命安全。冯建勋深知，在中国石油"走出去"的征程中，安全从来不是理所当然的事。每一次危机的化解，都凝聚着冯建勋和团队成员的智慧与心血。

为了进一步提高油田的安保水平，冯建勋不断推进物防与技防设施升级，逐步构建出一套全面可靠的安防体系。他编写

感动石油人物

2023 年 12 月，为协调和促进项目各所属各承包商与当地政府、军警的关系，冯建勋主持召开哈法亚片区协调会议

的 29 本社会安全管理程序文件，成为整个油田的安全守则，也得到了集团公司的高度认可。集团公司发布的 2.0 体系中，有 2 项核心文件正是由他主导编写的。

冯建勋从不满足于现状，总是追求更高的标准。对他而言，安全是一个永远不容懈怠的领域，每一个细节都能决定成败。在他的带领下，哈法亚油田不仅成为中国石油海外项目的安全标杆，公司更在全球公共安全合作论坛上获得"海外安防优秀实践"企业殊荣。一切成绩，都是冯建勋和同事们用坚守换来的。

感动石油 2024

冯建勋的守护不仅关乎于人，而且延伸至大自然。哈法亚油田坐落于伊拉克唯一受《湿地公约》保护的哈维则湿地，生态环境高度敏感。"我们不仅要守护油田，也要守护生命和未来。"冯建勋常对团队成员这样说。

冯建勋定期带领团队深入湿地，开展环境影响评价工作，记录每一处生态及生物变化。他不仅要确保油田的正常生产，也要确保这片土地的生态不受破坏。在他和团队成员的努力下，哈法亚油田成为伊拉克绿色发展的典范，绘就了一幅工业与自然和谐共生的优美画卷。

## 日与夜——危急关头显身手

冯建勋从不向人夸耀自己所取得的成绩，甚至在家人面前，他也很少提起工作中的艰难与危险。然而，每一次成功化解危机的背后，都是他无数个不眠之夜以及对责任不变的担当。

在 2019 年集团公司组织的海外油气业务社会安全和应急管理培训班上，冯建勋凭借其丰富的专业知识和实战经验，为众多学员深入浅出地讲授安保课程，赢得了阵阵掌声与高度认可

在他的海外生涯中，危机从未远去。在现场期间，他几乎从未有过安稳的睡眠，无数个夜晚，他都是在应急电话的铃声和对讲机的呼叫中度过的。尤其是在尼日尔的那段经历，成为他生命中最为深刻的记忆。

疟疾横行，暴雨肆虐，每到雨季，尼日尔便面临着一场生与死的较量。冯建勋与医疗团队日夜不停地研究和总结，终于制订出"多效预防，逢热治疟"的疟疾防治方案，极力降低工人们的感染风险。然而，凶狠的病毒往往不留情面。

那是一个雨夜，电话铃声刺破了夜的寂静。一名同事突发高烧，疑似感染了恶性疟疾。冯建勋二话不说，立刻从床上弹起，冲进了瓢泼大雨中。雨水拍打在他的脸上，双脚陷入泥泞，但他没有停滞。

病房里，同事的体温持续飙升，脸色苍白，呼吸微弱。冯建勋站在床边，迅速指挥着救治工作。经过几个小时的努力，工人的体温终于回落，危险得以解除。"这样的夜晚太多了。"冯建勋回忆道。

每当夜幕降临，冯建勋都会把手机铃声调到最大，他知道，每一个电话铃声都可能是生死攸关的危机。他必须时刻保持警觉，不能有丝毫懈怠，因为他肩负着整个团队的安全与未来。

## 家与国——有憾无怨写忠诚

这样的坚守，意味着无数的牺牲。每当被问及自己最大的遗憾时，冯建勋总是淡然一笑，"我错过了太多。"父亲的离世，儿子的成长，妻子的生日……他缺席了太多家庭中的重要时刻。

"我最怕接到我哥、我姐的电话，生怕他们告诉我家里出了

感动石油 2024

日常工作中，冯建勋极为重视对各类潜在风险的实地勘察。无论是道路的通行状况、周边环境的安全性，还是可能存在的隐蔽风险点，他都会详细记录并深入分析，为构建全方位的安保防护网奠定坚实基础

什么事。"冯建勋回忆起家人时，言语中流露出的是无尽的遗憾和无奈。

  2023年，冯建勋的父亲去世。那时，冯建勋正在忙着应对油田内的安保问题，尽管心里有无限思念，但职责与信念让他无法离开岗位，最终未能见到父亲最后一面。

  "这就是我们的生活。"冯建勋感慨，许多海外的石油人都有着类似的经历。对于他们而言，离别和错过是生活的常态，他们学会了在岁月中沉淀这份苦涩。

尽管如此，冯建勋从不抱怨。他始终坚信，肩上的责任高于一切。每当夜深人静时，他总会翻出儿子的来信，字里行间的思念与理解为他注入无尽的力量。这是他在这片荒凉土地上最珍贵的温暖，也是支撑他一路前行的信念。

冯建勋的故事，是千千万万海外石油人的缩影。自1993年中国石油实施"走出去"战略以来，无数石油人远赴他乡，面对险境从不退缩。他们用忠诚与担当，展现了石油精神和大庆精神铁人精神，用实际行动助力集团公司加快全球化发展步伐。

作为最早走出国门的央企之一，中国石油在共建"一带一路"倡议下，积极推动构建人类命运共同体，助力全球能源安全。这些成就的背后，离不开每一位海外石油人的坚守与奉献。

（王舒藜　王馨悦）

感动石油 2024

冯建勋获颁第二届"感动石油人物"荣誉称号

132

## 获奖感言

这次有幸获得第二届"感动石油人物"殊荣，沉甸甸的荣誉不仅仅是对我个人的奖励，也是集团公司对哈法亚公司的认可，更是对所有常年坚守海外的石油人的肯定。

作为海外员工的一员，作为一名安全管理者，我深切体会到集团公司对我们的关爱。虽然我们离家千万里，身处荒芜的戈壁，头顶烈日，脚踏丛林的泥泞，但我们从未动摇。因为我们深知，我们的背后有强大的祖国和坚持"员工生命高于一切"的企业。无论前路如何崎岖，我都会和其他海外石油人一道，保障能源安全，贡献石油力量。

扫一扫观看
第二届"感动石油人物"冯建勋短片

# 萨帕尔加尔德夫·谢尔达尔·阿玛诺维奇

中国石油阿姆河公司生产经营管理部副经理

## 颁奖词

生于"蓝金"之乡

助力蓝天梦想

共筑中土能源"新丝路"

跨越国界

连接山海

阿姆河畔见证

携手奔向下一个"金色十年"

2023年9月，谢尔达尔在阿姆河B区天然气处理厂检修现场组织单列停产检修施工工作

**人物事迹**　谢尔达尔是阿姆河项目成立后第一批入职的员工之一，已在项目工作16年。他编写俄语培训材料，为公司选拔、培训了636名员工，并自学中文，被评为中国石油集团"杰出员工"，还获得了"加强土库曼斯坦与中国友谊"证书及"四国天然气管道运营特殊贡献奖"。

## 人物通讯

# "一带一路"的能源使者

12月17日，土库曼斯坦阿姆河畔的气温降至零下10摄氏度，中国石油阿姆河公司工区内弥漫着大雾。

当前，正值我国冬季天然气保供的关键时期。作为阿姆河公司生产经营管理部副经理的萨帕尔加尔德夫·谢尔达尔·阿玛诺维奇，为了保障现场生产万无一失，天不亮就和阿姆河公司天然气净化第二处理厂的技术人员，对排查装置时发现的隐患进行整改。等到忙完往往已是正午，他的眉毛上结了一层白霜。

对阿姆河公司而言，每年的冬供都是一场大考。谢尔达尔是"答题人"之一。他加入中国石油16年来，中国石油最大的海外天然气合作项目从蓝图变成现实；在他的见证下，中土两国的友谊不断加深，并伴随着共建"一带一路"倡议迈上新台阶。

### 与生俱来的"气"缘

"我从小就想成为一名采气工。"年过不惑，谢尔达尔对于儿时的梦想依旧念念不忘。谢尔达尔出生于阿恰克，此地意为"天然气之乡"。小时候，身边小伙伴的父母大部分从事采气工作，这在谢尔达尔的心里埋下了一粒种子。

带着这粒种子，他毅然选择攻读土库曼斯坦国际石油与天然气大学的油气地质专业。随着学习的深入，他对祖国的天然气资源有了更全面的了解，更加意识到天然气对国家发展建设意义非凡。

大学毕业后，谢尔达尔入职土库曼斯坦国家天然气康采恩（简称康采恩）。成绩优异且掌握土库曼语、俄语、英语三门语言的他，一路成长，成为康采恩的总工艺师。

时间来到2007年，一次偶然的机遇，彻底改变了他的人生轨迹。彼时，谢尔达尔从一位朋友口中了解到，一家来自中国的石油公司计划"进军"阿姆河右岸，其有先进的天然气工艺技术。这引起了他的兴趣。

他看到了中国石油关于阿姆河右岸巴格德雷合同区的设计方案：大规模的天然气处理厂、纵横交错的天然气管线、现代化的生活营地……"真没想到是这样的超级大工程。如果有机会，我希望和中国人一起进行建设。"谢尔达尔决定加入初建的阿姆河公司。

随着阿姆河公司在土业务逐步铺开，谢尔达尔展现出过硬的综合能力，很快就在一众土方员工中脱颖而出。他的直接领导——阿姆河公司生产经营管理部经理宗寿国对他不吝赞美："他是土方员工的优秀代表，是我们不可替代的员工！"

作为生产经营管理部的一员，他需要24小时待命。2022年7月，连接康采恩的马莱依气田输气管道压力突然下降，初步判断是管道出现了漏点，但又无法判断漏点具体在哪里。阿姆河公司立即给予援助，由于这条管线同样汇入中亚天然气管道，公司把最熟悉业务和当地情况的谢尔达尔抽调到现场。

而此时，谢尔达尔正在休假。接到命令后，他立刻回到公司，和一批精干的技术人员，带着十几台重型机械设备，沿着管垄

感动石油 2024

谢尔达尔在生产现场负责协调日常生产指标任务下达

向沙漠深处进发。

  烈日下，人在户外短短暴露几分钟，就如刀割般难受。为了快速找到漏点，谢尔达尔和同伴们需要时不时地下车寻找。持续的高温暴晒，给大家的身体和精神带来极大考验。"实在扛不住的时候，我们就轮流在车上眯一会儿。"谢尔达尔说。经过连续 6 个小时的户外工作，他们终于找到了漏点。之后不到 2 天，他们就完成了焊接作业，恢复了供气。

  据阿姆河公司生产经营管理部负责人介绍，按照当地队伍的维修速度，一般需要 10 天时间才能恢复供气。这次能够快速找到漏点，相当于为中土双方挽回了几千万立方米的天然气损失。

感动石油人物

这只是谢尔达尔十几年来参与处理突发事件的一个缩影。作为拥有100%权益的海外最大天然气合作项目，阿姆河公司已累计向国内输送天然气超1500亿立方米，成为中亚天然气管线的主供气源、中土能源合作的"压舱石"。

谢尔达尔深知这份工作的责任与使命，以实际行动守护"蓝金"。

## 阿姆河畔的"多面手"

在阿姆河公司建设之初，中国石油就积极履行社会责任，推动提升本地化用工率。当地民众多以畜牧业为生，如何才能在短时间内为项目培养更多的专业技术人才？阿姆河公司决定，让既懂专业又没有语言障碍的谢尔达尔为当地雇员培训。

刚接到培训任务时，谢尔达尔有些为难，不知道从何入手。"自己强不厉害，让大家一起变强才是真的强。"中方领导的这句话，激励他鼓起勇气尝试这项从未干过的工作。

他想尽各种办法，从网上找资料、向中方员工及之前的康采恩同事请教，一遍遍学习消化来自中国石油的先进设计方案，最终花了半年的时间，编制出面向零基础人员的天然气俄语培训教材。

为了确保培训效果，在后续的培训中，阿姆河公司每周都会对培训人员进行测试，并实行末位淘汰制。一开始，学员们都没意识到测试的重要性，周测成绩不理想。作为老师的谢尔达尔比学员还着急，甚至一度深刻反思："是不是在教学方法上存在问题？"

一定要把大家都教会，不能耽误项目落地！他暗下决心。

安抚大家的情绪后，他与学员们谈心："培训完成后，你们要在世界上知名的石油公司工作，要真正学到知识才行。"通过深入的因材施教，学员的周考成绩开始提升，这让他越教越有信心。通过多次选拔，谢尔达尔先后为公司培训出 636 名员工，这些学员成为建设阿姆河项目的中坚力量。

与此同时，在阿姆河项目建设期间，为了尽快融入公司，谢尔达尔主动学习汉语。"我要和同事们沟通，要和先进的工艺技术打交道，必须学好汉语。"谢尔达尔说。

尽管他有多种语言的学习经历，但汉语体系纷繁复杂，尤其是汉语的音调概念，在他的母语中并不存在。他利用碎片化时间学习字词句，在平时的工作中和中方同事坚持用汉语交流。短短一年时间，谢尔达尔就可以熟练地用汉语与中方同事沟通，他也成为阿姆河公司少有的熟练掌握 4 门语言的员工。

谢尔达尔所在的阿姆河公司生产经营管理部，对内主要负责协调西部气田、采气一厂、采气二厂等 160 多口井日常生产指标任务的下达，对外需要协调中油国际管道公司调控中心、乌兹别克斯坦布哈拉调控中心、土库曼斯坦康采恩、中油国际等中亚天然气管线沿线单位，涉及大量沟通工作。凭借多语种优势，他在阿姆河公司生产运行与跨部门、跨国协调工作中游刃有余。

由于处在这条管线的源头，在日常的协调工作之外，他还需要时刻掌握中亚天然气管线的管存容量，最大限度保障中土双气源在冬供关键时刻不"掉链子"。

## 中土友谊的见证者

2023年，集团公司董事长戴厚良来到阿姆河公司调研冬季保供工作。作为土方员工代表，谢尔达尔送上了一幅象征土中两国在建设"一带一路"中紧密合作的木刻画，以及一封手写信："中亚天然气管道是共建'一带一路'的桥梁，不但解决了土库曼斯坦、乌兹别克斯坦、哈萨克斯坦天然气外输的问题，促进了人民之间的联系，而且改变了我个人的命运，让我的人生融入共建'一带一路'中。"

在2024年9月召开的"土库曼斯坦—乌兹别克斯坦—哈萨克斯坦—中国"天然气管道运行协调会上，谢尔达尔代表阿姆河公司发言

在他看来，能够在中国石油这样的国际能源公司工作，不仅让他实现了职业目标，接触到先进的天然气技术，而且认识了很多中国朋友，见证了两国友谊的发展。

让谢尔达尔印象深刻的是，2022年，在巴格德雷合同区B区西部气田建设期间，他放弃休假，和中方同事一起全身心扑在项目上，推动该气田提前104天投产。

在该项目投产仪式上，他作为土方代表，在气田中控室当面向土库曼斯坦总统别尔德穆哈梅多夫进行了汇报。"能为土中两国天然气事业作出自己的一点贡献，想起来就很激动！"谢尔达尔说。

经过多年耕耘，阿姆河公司取得的成绩获得了多方认可，但在异国他乡"扎下根"，并不是一件易事。一开始，因为文化不同，阿姆河公司中方人员在与当地人打交道时，沟通协调效果不佳。谢尔达尔主动请缨，为公司提供相关本土化建议。随着业务范围的逐渐扩大，阿姆河公司想和在土的其他国外能源企业进行一次业务交流，却苦于找不到对方公司合适的联系人。谢尔达尔建议直接给康采恩公司写信，最终在康采恩的牵头下，促成了这次业务交流。

为了推动相关项目、政策加速落地，谢尔达尔曾多次牵头做好与康采恩以及土库曼斯坦相关行政机构的沟通协调工作，为中土双方带来了更多的合作机会。

建设"一带一路"的种子，在谢尔达尔等一批人的参与见证下，正不断开花结果，从阿姆河畔绵延到更远的地方。

"我很开心自己能成为'一带一路'的能源使者。"展望未来，谢尔达尔期望着中土双方携手奔向下一个"金色十年"。

（余果林　孙　波　陈　龙）

谢尔达尔获颁第二届"感动石油人物"荣誉称号

## 获奖感言

这是我加入中国石油以来获得的最高荣誉。我从未想过所从事的工作能给自己带来如此大的荣光。在颁奖现场，我心潮澎湃，"能源使者"的称号也变得更加生动具体。这不仅是对我个人的肯定，更是对驻土库曼斯坦全体员工的认可与鼓舞。

在以后的工作中，我将不辜负这份来自中国石油的最高认可，在当地创造更加积极向上的劳动氛围，争取为土中蓝金事业作出更大贡献。我相信，两国的能源合作会取得更多的成果，越来越多的阿姆河人将为共建"一带一路"作出更大贡献。

扫一扫观看
第二届"感动石油人物"谢尔达尔短片

## 现场互动

**主持人** 祝贺两位！祝贺谢尔达尔！祝贺冯经理！

**谢尔达尔** 土语我不会，英语我一般，俄语我就会一句"好"。所以咱用中文交流吧，成不？（笑）

（土语）大家好！

**主持人** 你好——

你到了中国，到了中国石油，学会的第一句中国话是什么？

**谢尔达尔** 学会的第一句中国话就是"你好"。

**主持人** 你——好——我们想对你说——谢尔达尔，你好棒！

**谢尔达尔** 谢谢谢谢！

**主持人** 来中国石油怎么也得16年啦！16年，一个呱呱坠地的孩子都长成花季的少年了。这16年，你觉得最大的变化是什么？

**谢尔达尔** 加入中国石油之后，工作和生活都发生了显著的变化。我实现了自己的职业目标，在中国石油这样著名的企业工作，我也因此受到了更多的尊重。通过努力工作，我不仅为家庭创造了更好的生活条件，还给孩子树立了一个积极的榜样。事实上，随着两国合作不断加强，我们国家的变化很大，首都也成为一个中亚有名的白色大理石之城。我居住的城市土库曼纳巴德，也更是新建了跨阿姆河大型公路铁路两用交通技术建设。目前，我们那里人们的生活也变得越来越好，经济也越来越繁荣。感谢中国石油。

**主持人** 不仅自己梦想成真了，还让更多人梦想成真了。谢尔达尔，祝福你下一个"黄金十年"，更致敬你这颗黄金般的心！谢谢你！

冯经理，刚才看你短片的时候，我都不由自主地站起来了，太紧张了，但我知道这只是他们紧张生活的不到百分之一。你的工作环境，包括工作岗位、工作内容，家里人都知道吗？

**冯建勋** 工作的细节基本上我很少和家里人说，因为怕他们担心。我觉得我自己只要把工作做好，能够平安地回家，这个就足够了。

**主持人** 你具体在什么样的位置工作，会告诉家人，今天你在哪儿、明天你在哪儿吗？

**冯建勋** 不会。

**主持人** 什么时候飞机起飞，什么时候飞机落地，你会告诉他们吗？

**冯建勋** 这个我会告诉他们，假如我去工作岗位或者是我要回家的时候，在路上我会给他们报个平安。

**主持人** 写什么话？

| | |
|---|---|
| 冯建勋 | 我到了,平安到达。就是这样。 |
| 主持人 | "我到了,平安到了",就这些? |
| 冯建勋 | 嗯,就这样。 |
| 主持人 | 你知道今天我们的这场晚会是现场直播吗? |
| 冯建勋 | 嗯,我知道。 |
| 主持人 | 家人会不会就在直播的那一端? |
| 冯建勋 | 他们应该会看吧! |
| 主持人 | 这就瞒不住了呀!瞒不住了怎么办? |
| 冯建勋 | 我估计,他们应该也能猜到一些,应该也知道我的工作可能有一些危险,但是他们不知道有多危险。 |
| 主持人 | 那咱今天不跟他们说危险,咱给他们吃吃定心丸,行不行? |
| 冯建勋 | 行,可以。 |
| 主持人 | 咱爹咱妈咱家里人,老婆孩子,给他们吃个定心丸。 |
| 冯建勋 | 今天,我不只想代表我自己,想代表伊拉克(哈法亚)公司,更想代表我们所有坚守在海外的中国石油将士们,跟家人们说几句话  感谢你们多年如一日的默默付出,感谢你们为家庭所作的奉献和牺牲,我们在海外取得的每一点成绩和每一份荣誉,都离不开你们的支持,我们在海外工作一切都好,请你们放心。中国石油"走出去"的这三十年,从来都不是轻轻松 |

松，也不是一帆风顺，但我们知道，在海外工作，我们背后是强大的祖国和以员工的生命高于一切的集团公司作为我们的后盾。这么多年，海外安全工作的投入和管理水平在不断地提高，我们的安全感也越来越强，能够让我们没有后顾之忧，全身心地投入到我们的工作中，所以再次请家里人放心，也请相信我们每个人都会平安回家。谢谢你们！

**主持人** 让我们把千言万语，汇成最简单的那句话——祝福每一次平安出发，每一次平安归来。祝福你们，祝福所有海外的中国石油人！

# 汪人锋、李冀（夫妇）

汪人锋　吉林石化（原吉林化学工业公司）卫生处医政科主管医师、副科长（离休）

李　冀　吉林石化（原吉林化学工业公司）职工医院儿科主治医师、副主任医师（离休）

## 颁 奖 词

真正的战士，绝不会忘记冲锋

执着的石油人，从不会卸下责任

从开满金达莱的山谷，到松花江畔

从保家卫国，到建设祖国

把党性融入生命

把誓言刻进血脉

你们站在哪里，哪里就高扬起一面旗帜

感动石油 2024

2021年6月21日，在中国共产党成立100周年前夕，汪人锋（右）和李冀佩戴军功章和纪念章合影留念

人物事迹

  汪人锋和李冀不管职位高低，不计个人报酬，看病、开药、救死扶伤20余载。离休后，他们为青少年讲党史，为在职员工讲抗美援朝的故事……先后获得吉林省"老干部先进个人"，吉林市"关心下一代工作先进工作者"、最美家庭等荣誉，获得党中央颁发的首批"光荣在党50年"纪念章。

**人物通讯**

# 信仰的力量

"二老几十年如一日,过着艰苦朴素的生活,却上交特殊党费,还为社会捐资,让我们既感动又敬佩!"在中国石油第二届"感动石油人物"颁奖典礼上,吉林石化公司离退休管理中心的王冬梅现场分享了她的感动。王冬梅口中的"二老",正是吉林石化公司的一对90多岁的离休老夫妻——汪人锋、李冀。

汪人锋和李冀都曾参加过抗美援朝战争。共同的信仰和相同的经历,让两人走到一起。从青丝到白发,两人相濡以沫67载。

"我志愿加入中国共产党,拥护党的纲领,遵守党的章程……"入党誓词被两位老人牢记了一辈子,践行了一辈子。

## 为人民冲锋陷阵

汪人锋名字的由来,背后有一个故事。

汪人锋原名汪文波。在他小的时候,家乡有一位从山东逃荒而来、会锔缸锔碗的小学徒,挑着挑子走街串巷,赚不到钱就要饭,常来汪文波家要饭吃。后来,这个小学徒来到汪文波所在的学校作报告。老师告诉大家:"他们都是山东过来的八路军、地下共产党员。"这是汪文波第一次亲眼见到共产党员。1947年,这个小学徒被国民党无情地杀害了。那年,小学徒才

1956年汪人锋和李冀的订婚照

19岁。小学徒的革命精神在汪文波的心中种下一颗信仰的种子。

经过艰难地寻找，他终于找到了东北人民解放军。

部队领导问他："你为什么参军？"

他应声而答："为了给牺牲的共产党员报仇！"

部队领导说："报仇就要冲锋陷阵啊，你就改名叫汪人锋吧，为人民冲锋陷阵！"

从此，"汪文波"改名为"汪人锋"，东北人民解放军又多了一位为人民冲锋陷阵、不惧生死的英勇战士。后来，汪人锋光荣地加入了中国共产党。

汪人锋参加了解放战争，也是首批入朝参加抗美援朝战争的志愿军战士。在一轮轮阵地战中，他先后9次与死神擦肩而过。

有一根皮腰带，汪人锋保存至今。

1952年夏天的一个夜里，汪人锋所在的卫生部机关奉命转移。公路被敌机炸得坑坑洼洼，敌机时不时在空中盘旋，伺机轰炸。为了防止暴露目标，汽车不能开车灯，只能摸黑赶路。汪人锋负责这辆车的安全，坐在车斗的后侧。突然，车子剧烈颠簸，他觉得忽悠一下子就飞了起来，整个人被甩了出去。等他清醒过来，发现自己被挂在路边悬崖边的一棵树上。

"要不是这根腰带，我恐怕就坠入山谷了。这根腰带，救了我的命。"每每拿出那根皮腰带，汪人锋都仿佛又回到了硝烟弥漫的战场。

"这根腰带提醒我，不能忘记战争里的饥寒交迫和生死一线的考验，更不能忘记自己是党的人，无论在什么时候，都要一直坚定地走下去。"汪人锋说。

作为战地救护组组长、组里唯一的共产党员，汪人锋时时处处起带头作用。一次，他在防空洞里抢救战友，没有时间到洞外呼吸新鲜空气，煤气中毒陷入深度昏迷，是战友们用汽车发动机的直流电把他救了回来，从此他永远留下了嘶哑的声音。

尽管战争的阴霾让他九死一生，却也让他遇到了一生的挚爱——李冀。汪人锋和李冀是抗美援朝战争中的革命战友。汪人锋从朝鲜战场回国后，二人在往来书信中明确了关系。

汪人锋曾问李冀："你到底看中了我什么？"李冀坚定地说："我爱你在战争中的英雄模范行为和在工作、生活中的拼搏精神。"两人心心相印，许下海枯石烂永不变心、白头偕老共同奋斗的誓言。

## 到祖国最需要的地方去

从战场上归来的汪人锋，带着为祖国医疗事业献身的热忱，入学中国人民解放军第一军医大学。毕业时，汪人锋本应去解放军总后勤部报到，但当时吉化化工医院急需医疗专业人才，于是他找到学校，请求支援国家"一五"重点项目吉林"三大化"建设。带着组织的期望与嘱托，汪人锋脱下他热爱的军装，坐上了开往吉林市的列车。

有人问他："转业去了吉化，心里有怨言吗？"他的回答质朴而有力："无怨无悔。是党培养了我，党叫我干啥我就干啥，哪里需要我，我就在哪里安家！"

在吉化化工医院工作的日子里，汪人锋和李冀看病、开药，救死扶伤，一干就是20余年。

1969年1月10日早晨，吉化化工医院接到抢救电车落江群众的紧急任务。汪人锋随救护车赶往松花江大桥现场。现场让他大吃一惊：江面露出电车的一头，车玻璃已被砸碎，前车门也被撬开，电车周围，有一些人在齐腰深的江水里打捞着遇难群众。军人出身的他，毅然决然地向江里冲去。

1月的吉林，冰天雪地，滴水成冰，刚踏进江里，彻骨的寒冷就蔓延全身。他和其他志愿者手拉着手，以电车为中心，围成人圈，把遇难者拉出江面……第二天，发着烧的汪人锋又出现在医院的病房里。很多人关切地询问，他却说："突然住进来这么多的病人，医生肯定不够用！"

汪人锋是个热心肠。门诊病人多，他就去帮忙看病；值夜班医生轮换不过来，他就去顶替。他工作一忙起来，就苦了李冀，家里家外都靠她一个人忙活。

一年夏天，吉林市暴发细菌性痢疾，大量患儿被送到李冀负责的儿科疗区。李冀全力组织救治患儿。她既要对全疗区的住院病人负责，又要集中力量组织好抢救工作。那段时间，李冀昼夜住在医院里，困得不行了，就在值班室里打个盹。没想到，自己的儿子也被传染上了。接诊医生从入院病志上发现是李冀儿子时，立即跑到抢救室告诉李冀。李冀向接诊医生询问病情后说："你们按常规处理吧，我这里走不开。"

中午下班后，汪人锋在儿科的走廊里见到了儿子。孩子正在昏睡，脱水的小脸又瘦又黄。匆匆看了孩子一眼，汪人锋又赶到内科门诊替班。下午下班后，汪人锋来到儿科，孩子已从昏睡中苏醒，有气无力地喊着要妈妈。

当时，儿科临时抢救室里灯火通明，汪人锋知道，李冀正在抢救室里抢救病人，没法出来看儿子。

汪人锋和李冀始终牢记在党旗前立下的誓言，尽好医务工作者职责，用最朴素的方式、最真挚的情感，全心全意为患者服务。

## 为人民安居乐业添砖加瓦

"余热未尽献，老骥不偷闲。古梅无他求，点红暖人间。"这是汪人锋离休后写下的诗句。

按理说，汪人锋和李冀完全可以选择一种轻松、安逸的方

感动石油 2024

汪人锋为吉林市第一中学的学生讲党史

式度过晚年。可离休后，汪人锋和李冀更忙了。

  汪人锋时常接到邀请，为社区居民和青少年讲党史，为企业员工和离退休人员讲抗美援朝的故事，传播爱国主义正能量。

  不仅如此，面对遍布楼道的广告，汪人锋和李冀也看不下去，他们一手拎着小水桶、一手拿着小铁刷，时而踮脚、时而弯腰，一点一点将广告清除。满头的银发、佝偻的背影，感染了全楼居民，更带动了更多志愿者参与进来。他俩还找到广告公司，自掏腰包定制了广告栏，立在楼前的小广场上，为广告安了"家"。

  看到楼前的小广场杂草丛生、建筑垃圾乱堆乱放、车辆乱停乱放，汪人锋和李冀拿出2万元钱交给社区，请社区找人平整广场、清除垃圾、安上栏杆、装上健身器材。全新的长条椅，蓝黄相间的运动器材，时时更新的公示栏和宣传栏……一个清洁、实用又美丽的文化广场建成了。在汪人锋和李冀的带动下，越来越多的人加入到建设"美好社区"队伍之中。为了感谢汪人锋和李冀的"先锋"行动，吉林市龙潭区委把这个广场命名为"先锋园"。现在，一块由汪人锋题写的"先锋园"石碑，立在这个广场上。它是静默的，也是生动的。

起初，很多人不理解，认为二老"一把年纪还折腾啥"！还有人私下问汪人锋："你自掏腰包给大家办事，心疼不？"汪人锋只回答了一句简单的话："我的钱是哪来的？是党给的、人民给的！"

汪人锋和李冀出资建设居民小区广场，为了感谢二老的"先锋"行动，吉林市龙潭区委把广场命名为"先锋园"

新冠肺炎疫情暴发后，看到党和国家全力以赴抗击疫情，医护工作者和军人奔赴抗疫一线，汪人锋跟李冀说："咱俩年纪大了，不能上疫区帮忙，但咱们得尽点力。咱去捐款，多捐点，有多大力使多大力。"两人一拍即合，各捐了1万元。

在建党百年和党的二十大召开之际，汪人锋和李冀怀着对党的感恩之情，又每人交了1万元特殊党费。

汪人锋和李冀的生活极其简朴，小米粥、素包子就是一餐；椅子，是20世纪80年代的折叠椅；床，还是几十年前的铁板床；汪人锋身上深蓝色的工作服裤子已经磨得发白，就连随身携带的手绢也是干硬发黄的"老物件"……本可以安享晚年的他们，却选择节俭度日，上交特殊党费、为社会捐款时，却一掷万金！

几十年光阴，汪人锋和李冀始终不变的是全心全意为人民服务、为社会主义建设服务的党员本色。

心中有信仰，脚下有力量。如今，鲐背之年的汪人锋和李冀仍怀着梦想，壮心不已，始终在路上……

（李玲月　邵瑜晶）

## 获奖感言

在布满硝烟的战场上，我和战友们一不怕苦、二不怕死，曾9次与死神擦肩而过，坚决完成祖国和人民交给我们的任务。

在没有硝烟的战场上，我和千千万万的共产党员一起，坚持"党和人民的利益高于一切"，积极投身祖国的社会主义现代化建设。这一生，我无怨无悔。

如今，我和老伴都已经90多岁了，身体也不如从前，但只要祖国需要我们、组织需要我们、人民需要我们，我们还会有多少力使多少力。一名党员就是一面旗帜。不论年龄多大，不论做什么，不论走到哪里，都要像金子一样闪闪发光。我和老伴会始终牢记入党誓词，践行党的宗旨，传承解放军的光荣传统，继续在中国式现代化的新征程上冲锋陷阵，为共产主义奋斗终身！

扫一扫观看
第二届"感动石油人物"汪人锋、李冀（夫妇）短片

## 长庆油田"好汉坡"团队

领奖代表：梁 冬　陈 雷　崔新花　龙小凤　康 帅　于万昊

### 颁奖词

70度陡坡巡井

463级台阶采油

白昼黑夜，青春坚守

几代人接续，传精神薪火

好汉坡上

铸起了一座精神的丰碑

感动石油人物

"好汉坡"是一座精神丰碑，耸立在延河岸边熠熠生辉

**团队事迹**　长庆安塞油田创业初期，一群不满20岁的石油人在"阎王坡"上建站巡井，将这里踏成了"好汉坡"，创建了引领全国特低渗透油田开发的安塞模式。30多年来，从"好汉坡"走出来的劳模先进、石油工匠、技术精英，在陕、甘、宁、内蒙古的石油战线上建功立业，形成的特低渗透油田开发技术，成为攻克致密油、页岩油的制胜武器；孕育出的"艰苦创业、勇攀高峰"精神，成为石油人的鲜明底色和深厚底气。

感动石油 2024

**团队
通讯**

# 黄土塬上铸丰碑

走进"好汉坡"纪念馆,有这样一张照片直抵人心:在海拔 1300 米、坡度达 70 度的陡峭山坡上,几名年轻人腰间拴着绳索,连成一列,扛着设备,手脚并用地向上攀爬。这是 20 世纪 90 年代安塞油田王三计量站员工每日巡井的真实写照。他们爬的就是著名的"好汉坡"。

时过境迁,照片中的员工已经退休,但"好汉坡"的故事还在续写。那些在"好汉坡"上挥洒汗水的好汉们,不仅在此留下了感人至深的故事,更将"艰苦创业、勇攀高峰"的精神传递到油田的各个角落,成为长庆油田在低渗透上建设大油田的缩影。

在整个石油行业,像这样的小路比比皆是。每一条小路都是"好汉坡",每一个"好汉坡"都延伸至大山、荒漠、戈壁,直至石油人的血脉里……

## 463 级台阶,每一阶都记录着好汉的足迹

1983 年,陕北安塞沟壑纵横的黄土高原上竖起了井架,安塞油田第一口探井——塞一井完钻,试油获得 64.5 吨工业油流,标志着长庆油田在发展战略上从侏罗系找油向三叠系找油、从单纯找油向油气兼探转变。自此,我国陆上首个亿吨级整装特

20世纪90年代初,一群不满二十岁的石油人在"阎王坡"上立架打井、建站采油,以"不到长城非好汉"的气魄,踏出了一条创业路,"好汉坡"由此得名

低渗油田——安塞油田开发建设的序幕正式拉开。

同样被石油人"唤醒"的,还有一个名叫白庄的小村庄。其所在的大山里,有一条名为"阎王坡"的险道,因山势陡峭、沟壁直立,且坡上覆盖着松软的黄土,坡下则是深达十几米的深涧而得名。行走其上,稍有不慎便会坠入深渊,常有人畜因此受伤甚至丧命。

1990年,安塞油田王三计量站建于"阎王坡"下,负责东、西两座山上共16口油井的生产计量任务。当时,油田生产设备简陋,巡井全靠步行。小站的员工每天都要背负十几公斤重的工具,借助管子搭成的桥越过无人沟,再沿着蜿蜒曲折的羊肠小道上山巡井。其辛苦与危险程度不言而喻,尤其是在暴雨或风雪天气,更是艰难万分,但巡井工作从未间断。有人感叹:"此坡之险，堪比华山。这"阎王坡"被你们这群好汉踩在了脚下。我看这坡可以叫'好汉坡'！"

1991年7月的一个雨后清晨，时任"好汉坡"王三计量站第一任站长的梁冬带着李登辉、马小军和王学哲在保养完抽油机设备后，一起下山。突然，走在最后的王学哲脚底一滑，整个人沿着陡峭的山坡向下急速滑去。危急时刻，王学哲双手乱抓，双脚乱蹬，终于揪住了一簇野沙棘，赶紧腾出一只手，将随身携带的螺丝刀牢牢扎入土中，这才止住了下滑。身体就这样半悬在深谷之中，而身下就是几十米的峭壁深涧。被救到安全地带后，王学哲才发现，双手已被利刺划得血肉模糊，裤子被划开了几道口子，真是后怕连连。

后来，为了员工的安全，长庆油田沿着原有的坡道凿梯、铺砖、安装围栏，修建了463级台阶。同时被修建的，还有由石油人撰写的"好汉坡"书法石刻。

"好汉坡上好汉多"并不是一句口号。30多年来，这里培养了一批批作风过硬、技术优良的石油工人。

梁冬一路走到采油五厂党委书记的岗位上，并4次获得长庆油田劳动模范及油田公司第三届"十大杰出青年"等荣誉称号。他说："是'好汉坡'的沟壑险岭锻炼了我。那段工作经历，是我人生中最宝贵的财富。"

崔新花在"好汉坡"工作了24年，她往返攀爬了上万趟"好汉坡"，成为攀爬"好汉坡"最多的人。从最初哭着不愿上"好汉坡"，到后来不愿离开，她从一名对采油技术一无所知的外行，成长为一名采油技师，带出了37位徒弟。

全国五一劳动奖章获得者马金玉深情地说："选择了石油，

感动石油人物

为解决"三低"油田问题,一大批科技精英会聚在"好汉坡"上埋头攻关,研发形成了以三大技术系列、八项配套技术为主要内容的安塞模式

就意味着选择了艰辛和付出。在'好汉坡'的日子里,我得到了历练,对此我无怨无悔。"

## 7000万吨,每一吨增产都离不开科技赋能

"好汉坡"不仅承载了石油人艰苦奋斗的创业史,更记录了一段科技兴油的报国史。

陕北是我国最早发现石油的地方,而陕北石油的勘探开发几经波折,未成大势。直到发现安塞油田,长庆石油人发现了我国陆上最大的亿吨级整装特低渗透油田,陕北两个世纪找油的梦想终于结出丰硕果实。

中国工程院院士胡文瑞在大气磅礴的《塞一井赋》中盛赞了这一壮举:"陕北勘探,石破天惊,解长庆倒悬之急,挽长庆徘徊之势,有拨云见日之功,指点山河之力,开低渗油田之先河。"

然而,经过6年勘探发现,油田平均渗透率仅有0.49毫达西。

美国 CER 咨询公司认定："安塞油田是没有开采价值的效益边际油田。"

面对被判了"死刑"的"磨刀石"油田，石油人没有放弃。他们先后开展了 3 个开发可行性研究、3 次矿场开发试验、3 次技术攻关，推翻了外国人的论断，用实践证明了安塞特低渗油田开发的可行性。

为解决"三低"油田与提高单井产能、降低建设成本之间的矛盾，"好汉坡"下的第一批科技精英会聚一堂，研判分析、激烈讨论。他们按照"三从一新"地面建设原则，率先在"好汉坡"下形成了王窑地面建设模式和以"单、短、简、小、串"为特征的建设工艺技术,把有限的资金用在刀刃上。在此基础上，研发形成了以"三大技术系列、八项配套技术"为主要内容的技术系列，全面解决了从地面到地下、从钻井到采油、从投入到产出等效益开发问题。

1992 年，安塞油田年产原油首次突破 50 万吨。从安塞油田驶出的第一列满载原油的火车冲破雨幕，汇入中国能源动脉。安塞油田跨入中型油田行列，攀上了特低渗透油田的"科技坡"。

"别人开发不了的油藏，我们能够开发；别人开发不盈利的油田，我们能够盈利。"一声声捷报响彻好汉坡上空。1995 年，安塞特低渗透油田开发配套技术被中国石油评为重大科技成果，并被誉为"安塞模式"，在全国石油系统推广。

在"好汉坡"精神的激励下，安塞油田原油产量在 1997 年突破 100 万吨，2004 年达到 200 万吨，2010 年跨越 300 万吨。截至目前，安塞油田已累计生产油气超 7000 万吨。这是几代安塞油田人践行"好汉坡"精神，在"磨刀石"上闹革命取得的

感动石油人物

新时代石油好汉勇攀"管理坡""科技坡"

辉煌成就。

如今，面对老油田持续稳产等困难，"好汉坡"中心站扎实做好"水文章"，积极开展老油田稳产"压舱石"工程和水质提升专项行动，老井月度递减取得近10年最好成绩，并建成了集团公司首座空气泡沫驱试注站和安塞油田首座智能化无人值守站，构建形成协同高效、精细立体、创新交融的生产、注水和科技文化。

## 1.4 万公里，每缩短一公里都是管理提升的见证

"真没想到，现在的'好汉坡'终于不用天天爬了。山上的282口油井、13座站库、百余公里管线全被'装'进了电脑里。"

在"好汉坡"工作20年的采油工龙小凤笑着说道。

2012年,"好汉坡"中心站作为长庆油田首批数字化建设试验点,成为"数智中国石油"在一线落地的样本。还有10多年就退休的龙小凤犯了难:学还是不学?两条路都像当年的"阎王坡"一样"难爬"。

看着"好汉坡"三个大字,龙小凤决定试一试。

"一开始,我连电脑开机键都不知道在哪儿。单位统一培训后,我回到岗位上,白天追着年轻人问,晚上再通过电话请教刚上大学的儿子。"龙小凤记不清自己有多少个晚上在台灯下默默背诵画图。经过不懈努力,她不到半年就熟练掌握了数字化系统的操作要领,可以单独顶岗。

现在,龙小凤只需在电脑上操作不到10分钟,就能解决曾经需要背着工具爬上"好汉坡"才能解决的问题。"以前一个人最多看护10口井,现在可远程监控上百口井,产量上涨了,工作量下降了。"龙小凤告诉记者。

经过近10年的推进,"好汉坡"中心站数字化建设覆盖率达到100%。针对员工驻站分散,监控模式存在人员多、层级多、效率低、指令传递不准确等问题,"好汉坡"中心站组建技术团队研究实践,聚焦井况变化跟踪分析依赖人工经验、巡检及制度调整依赖人工操作等问题持续攻关,实施网络升级和硬件改造,开展数据维护、采集校准、站点关停、隐患治理和智能巡检等工作,保障井站关键部位数据可靠且有效。

在数字化的推动下,"好汉坡"的管理方法也在改革。结合"油公司"管理模式,"好汉坡"探索实施"日常工作清单化处理、预警工作分析处置、重点工作跟踪落实"的工作机制和"值班领导+带班调长+岗位员工"的运行制度，优化明确岗位职责35项，盘活用工28人，使生产指令较前期缩短20分钟，有效提高生产运行效率。

"艰苦创业、勇攀高峰"的精神在坚硬致密的油层中生长锤炼，在攻坚克难的奋斗历程中打磨增色。如今，"好汉坡"已经成为中国石油企业精神教育基地、中小学社会实践和科普研学基地、延安精神示范教育基地。攀上"创业坡"的"好汉"，在新时代的新征程中勇攀"科技坡""管理坡"，在能源变革的时代洪流中挺起石油脊梁。

（杨 洁 刘 莹）

感动石油 2024

长庆油田"好汉坡"团队在第二届"感动石油人物"颁奖典礼上

## 获奖感言

这份荣誉不仅是对我们的嘉奖，更是对所有在"好汉坡"工作过的员工的认可与鼓励。30多年来，一代代石油人日复一日地爬坡巡井，将"阎王坡"踏成"好汉坡"，通过安塞模式为我国探索出低渗透油田效益开发的创新之路。现在，这里成为长庆油田首批数字化建设试点，也是"数智中国石油"在一线落地的样本，"好汉坡"再也不用爬坡巡井了！从"黄土坡"到"科技坡"，再到"管理坡"，"好汉坡"不仅为祖国生产油气，而且培养出一批身怀绝技的"好汉"。我们将持续弘扬艰苦奋斗、勇攀高峰的"好汉坡"精神，努力为祖国加"油"争"气"！

扫一扫观看
第二届"感动石油
人物"长庆油田
"好汉坡"团队短片

## 现场互动

**主持人** 欢迎！欢迎王大姐！欢迎万昊书记！欢迎我们的"好汉坡"团队。因为汪老身体的原因，汪老夫妇都没办法来到现场，我们特别请到了一位非常熟悉他们两个老人生活和工作的，他们的亲人、朋友王大姐来为他们领奖。王大姐特别告诉我们说，有一些小故事想说给大家听。那，王大姐您先给大家介绍一下自己。

**王冬梅** 大家好，我叫王冬梅，来自吉林石化公司离退休管理中心。我是从2003年开始，为汪人锋和李冀两位老人服务的，算起来有20多个年头了。在这20多年里，我尽力帮助他们解决生活中遇到的大事小情，按照汪老的话来讲，我与二老的关系就是"像亲人、似战友"。

**主持人** 像亲人、似战友，也就是你们有很多互相温暖的时候，但更多的时候，您也是一个见证者。他们坚持付出的时候，您还得在旁边加把劲、一起干呢，是不是？

**王冬梅** 是的。

**主持人** 有什么样的瞬间——在您脑中过一下电影——是尤其值得定格下来的？

**王冬梅** 记得是有一次我到他家去送慰问品，是一套床上用品，我高兴地对汪老说：这回咱们的床单可以换啦！但过了很长时间，我发现那些床单还没有换上。后来我才得知那套慰问品被他当作奖品送给一名成功戒烟的吉化员工了。

李冀阿姨的秋裤也是补了好几个补丁，这也是我在陪李冀阿姨上医院做检查时才发现的。二老就是这样，几十年如一日过着艰苦朴素的生活。但是，他们上交着特殊党费，而且向社会捐资毫不吝啬，让我既感动又敬佩。

**主持人** 是的，他们觉得，个人的物质条件一点都不重要。他们这一辈子在做的都是多为别人着想，帮助更多的人。这真的是世间最大的善良。今天虽然我们没有办法面对面地见到两位老人，但是我们特别邀请了两位老人录了一段视频。我们来看看他们想对大家说什么。

**汪人锋** 现场的同志们好。我是汪人锋，这是我的老伴李冀。可惜我们不能来到现场参加颁奖典礼。我们离岗已经这么多年了，组织还想到我们，把这么高的荣誉颁给我们，我和老伴都非常感动。我们都90多岁了，身体不如以前了，但只要组织需要我们，我们仍然有多大力使多大力。作为军人，作为党员，作为石油人，参加祖国建设，我们见证了我们的祖国越来越强大，这辈子值了。国庆快到了，我们祝愿祖国繁荣昌盛！

**主持人** 谢谢二老，也向二老致敬。希望他们都能健康长寿平安！也谢谢您，冬梅大姐。

万昊书记，咱们的"好汉坡"团队都到了吧？

**于万昊** 都到了。

**主持人** 跟大家打声招呼吧！从谁开始。

**梁　冬** 大家好，我是来自长庆油田的好汉坡第一任站长——梁冬。

**崔新花** 大家好，我是好汉坡第一批采油女工——崔新花。

**陈　雷** 大家好，我是好汉坡第二批科技工作者——陈雷。

**龙小凤** 大家好，我是第二批来到好汉坡的石油人，也是女子巡井班队员——龙小凤。

**康　帅** 三十年风吹雨打、披荆斩棘，四十载为油奉献、矢志不渝。大家好，我是现在好汉坡所属采油作业区经理，我叫康帅。

**于万昊** 安塞油田出好汉，好汉坡上好汉多。大家好，我是好汉坡现任党支部书记——于万昊。

**主持人** 欢迎好汉坡的好汉。他们特别用了第一批、第二批来告诉我们这条好汉坡上的薪火传承。我看了短片，万昊书记，现在咱爬这好汉坡不再像过去一样那么费劲了，还有什么更高的坡咱要再费劲去攀一攀吗？

**于万昊** 还是有的。说起来，现在我们在好汉坡不需要爬坡巡井了。我从小是在油田长大的，小时候我们的父辈就给我们讲他们的创业故事，就像我们好汉坡第一批主人一样，他们就在黄土坡上立架打井、爬坡巡井，他们不仅要和我们山大沟深的地面环境做斗争，也要和我们复杂的地质环境做斗争。这是过去。现在我们好汉坡所在的安塞油田已经实现了特低渗透油田的效益开发，但是因为已经开发40多年，进入了中高含水期，所以现在最大的任务就是实现它的效益稳产。为了解决这个问题，我们基层员工的任务就是采好油、多采油。我们现在虽然说不爬黄土坡了，但是我们现在要爬"管理坡""科技坡"还有"效益坡"，最主要的是要将我们石油人的这种精神和品质一代一代地传承下去。谢谢主持人。

**主持人** 是的，我们要爬素质的坡，达到产量的峰！咱们石油人，其实每个人心里都有自己的一条"好汉坡"。这条"好汉坡"无论怎么延伸都能延伸到祖国的荒漠、戈壁，都能延伸到所有石油人的血脉里。向我们好汉坡的好汉致敬！向所有的石油人致敬！

# 感动石油 2024

## 特别报道

中国石油第二届

# 平凡铸就伟大

伟大时代呼唤伟大精神，崇高事业需要榜样引领。

在中国石油奋力建设世界一流企业的光荣征程中，总有一群平凡而伟大的石油人，以信念坚定、紧跟党走的忠诚本色，矢志奋斗、奉献祖国的政治品格，攻坚克难、开拓进取的创新精神，感动着我们，带给我们披荆斩棘、勇往直前的力量。

这种力量厚植于石油"凡"星的生动实践中，是矢志报国、勇攀科技高峰的凌云壮志，是无怨无悔坚守保供一线的坚韧执着，是"为人民幸福生活加油"的挺肩担当……

正是这些石油人，让我们看到了升腾于各条战线上向上、向善的力量。他们感人至深的事迹，充满了信念与梦想、坚韧与执着、激情与奉献。也正是他们，用石油智慧构筑起奋进新时代的不朽丰碑，用石油精神引领广大石油人为推动中国式现代化贡献磅礴之力。

（高屾）

## 王德民
### 星耀油海
中国工程院院士、大庆油田杰出高级专家

**颁奖词**
身许石油，青年立壮志
躬耕荒原，一心博油龙
能源报国，掉精竭虑
创新超越，征鞍未歇
"松辽法"惊世出尘
分层注采找冠群伦
化学驱油创奇勋
石油青涌，点亮祖国能源希望之灯
星耀油海，一生赤诚越苍穹

**人物事迹**
王德民，油气田开发工程专家，中国分层开采工艺化石油开采技术的奠基人，中国工程院首批院士。他先后获得国家科学技术进步特等奖1项，一等奖2项、二等奖2项；国家发明二等奖3项；国家发明特种24项；获何梁何利奖等"科学技术成就奖"等，为大庆油田原油年产和我国深海工业发展作出奉献贡献。2016年，国际小行星中心命名委员会将210231号小行星命名为"王德民星"。

## 王尚典
### 青年工匠"断指"铸
锦西石化炼运中心车工

**颁奖词**
按校走出的石油名
打不倒压不弯的车工
认真二十余载，锐意革新
精湛技艺，冲练工匠
钢铁意志，书写勇者行
断指心愈坚
你是长着铁骨头的石油工匠

**人物事迹**
王尚典扎根一线20多年，在平凡的岗位上，一举夺得全国职工技能大赛"断指状元"等称号。他先后荣获"辽宁工匠""辽宁五一劳动奖章""全国技术能手"等，获得诸多殊荣，他是锦西石化车间的技术骨干，带领团队完成技术革新200余项。2014年被评为第六届"全国道德模范"提名奖。

---

## 石化院"POE创新团队"
### 冲破重围敢为先

**颁奖词**
十年磨一剑
攻坚不畏难
新材料战场，你们敢拔头筹
破壁、突围、创新、赶超
不舍昼夜，淬火成金
装置运转的奏鸣
是你们梦想花开的声音

**团队事迹**
石化院"POE创新团队"十年磨一剑，不懈攻坚、持续创新，打破国外长期的技术垄断，形成涵盖全工艺主导权，建成了中国首套高端弹性体中试装置。团队攻克国内高端聚烯烃弹性体材料的"卡脖子"难题。

## 万米深井攻坚团队
### 开启深地新纪元

**颁奖词**
大国重器战深海
进军深地脚音家
探地宫，破译地球密码
寻油气，征服超深领域
穿越亿万年，遇见远海油田
万米之震，展现无限
地球深部，填刻下新的中国深度

**团队事迹**
万米深井攻坚团队，集中优势力量，锻造地盾建设万米深井一利刃锻力工尖刀队，攻克10项世界级难题，书写了"万米深井深地"的中国答卷，挺进万米深井，用超2万多个钻头打出人类迄今钻入地球最深的垂直孔，助推我国深地油气勘探开发迎来"深度时代"，打造具有中国石油品牌特色的"深地技术"最新标杆。

## 袁婷婷
### 做最暖的那束光
上海销售沪西分公司经理助理、嘉定党支部书记、嘉定第四加油站经理

**颁奖词**
走出大别山
逐梦大上海
从加油员到经理
从为小小加油到人民大会堂
你是奔跑在新时代的奋斗者
播撒爱心，服务四方，传递力量
宝石花开
辉映玉立

**人物事迹**
袁婷婷扎根销售一线25年，从平凡的工岗到党的二十大代表，全国五一劳动奖章获得者，党的二十大代表。她是一步一步踩着自强不息的足迹，一步步脚踏实地的奋斗者。她"三心"服务赢得了全国"巾帼英雄"多项荣誉。始终牢记嘱托，将党和人民放在心中最高位置。积极参加志愿服务活动，坚持参加公益活动，帮助了不少困难学子。

## 郑有录
### 天路送气人
昆仑物流青海分公司LNG配送中心驾驶员

**颁奖词**
600多个年月，你穿行生命禁区
276万里，你安全行驶零事故
走昆仑，踏风火
朝越唐吉拉，跨过沱沱河
一条鹅源天路，雪山映照
长长的车辙
是你写在世界屋脊的一行行"诗"

**人物事迹**
郑有录是一位扎根行驶最危险路线的驾驶员，在上海至高原距离3000公里、12年时间。他在年度风景行行驶13万公里，凭借了安全行驶累万公里"安全之星"公里，照亮"能源天路"，跨过沱沱河。他凭借执着的精神照亮和永不言弃的奉献精神，通过自己的平凡孝行在中国石油送进了青春书画的行行。

---

《中国石油报》2024年9月26日 2/3版

# 感动传递力量

## "感动石油人物"风采展示

### 李裕杰 — 磨砺人生
新疆油田实验检测研究院岩石制片师

**颁奖词**
安下心,手握执着
研磨出0.03毫米的极致
扎下根,秉承匠心
方寸斗室,如珠如屑
一份坚守,35年追求
最勇丁找知的信念
磨出了人生的厚度

**人物事迹**
在新制片师是一个小小却不可或缺的职业。李裕杰制作的岩石薄片厚度为0.03毫米,相当于A4纸厚度的一半。他精益求精,在0.03毫米的高度中创新突破,攀钻科学高峰,成为国内岩石薄片制作领域鉴定制片大师。他凭借对岩石薄片鉴定工作的热爱,挑战极限,将被誉为"疯狂地带"的玛湖油田、吉木萨尔页岩油等22个油田。

### 刘勇 — 页岩革命追梦人
西南油气田气田开发管理部主任

**颁奖词**
川南大地
回响着你油气报国的梦想
重重挑战
从来动摇你对页岩革命的信念
实践出真知
你的脚步跋涉山山水水
在微纳米的孔隙中蹚出新天地
扬眉吐气

**人物事迹**
刘勇金报晚投身于川南百亿气区的大战场,真抓细抓,南方页岩气开发成国内最大的页岩气产区中作出突出贡献。他是白医院所尿酸道清的最一等功教导,南南油气田以劳动模范等荣誉称号,并取得四川省科技进步奖三等奖,中国石油集团团科技进步奖等奖等科技成果奖。

### 张来勇 — 国产大乙烯领军人
中国寰球工程有限公司首席技术专家

**颁奖词**
搞起灯来
你的眼眸映着光芒
躬行三十六载
沥心血,成一事
从白山黑水到黄土高坡
从天山脚下到南海之滨
你托举起大乙烯中国造的梦想

**人物事迹**
作为首届"国家卓越工程师"奖获得者,张来勇扎40年豪专注石油、煤化工等技术开发工业应用工程。他主持领完了大型乙烯成套技术,百万吨级乙烯石油化学核心技术,创新提升了全世影响阀力的国产化研发技术,完成15项国家重大科技攻克程在化程建任务,为研发国乙烯自给争作出立了卓越贡献。

### 冯建勋 — 石油出海 护航先锋
中国石油(伊拉克)哈法亚公司
QHSE部(安保部)经理

**颁奖词**
海外征程二十载
以身为护藏功勋
舍小家,为大家
经风沙,历动荡
只身赴人,独面危局
你不是"孤勇者"
你是千千万万海外石油人的安心之盾

**人物事迹**
冯建勋是一名肩担当的海外石油安全卫士。多次经历危急情况应对,他勇挑重担,突发任务,他为公司筑牢抗恐安全防线,培养一支素质过硬,作风顽强的防护保卫队伍。海外任征二十载,他完成任职守护,为中国石油集团"卓台百名"业杰青的青年干部、中国石油集团安全生产党代表十大等荣誉称号。

### 萨格尔加尔德夫·谢尔达尔·阿扬诺维奇 — "一带一路"的能源使者
中国石油阿姆河公司
生产经营管理部副经理

**颁奖词**
生于"蓝金"之乡
执着梦天梦想
共筑中土能源"新丝路"
跨越国界
连接油山海
阿姆河畔见证
携手奔向下一个"金色十年"

**人物事迹**
谢尔达尔是阿姆河项目成立后第一批入职的员工,已在项目工作14年,他勤劳肯结任劳任怨,与公司共进,培训了636名员工,并合学习交流,破除语中国石油集团"杰出员工"、获得了"加强土库曼斯坦与中国友好合作"证书及"四届天然气管道运营管理者就章"。

### 汪人锋、李冀 — 永葆本色的石油伉俪
吉林石化(原吉林化学工业公司)
卫生处医政科主管医师、副科长(离休)
职工医院儿科主治医师、副主任医师(离体)

**颁奖词**
真正的战士,他不会忘记冲锋
执着的石油人,从不会忘下责任
从开滚金达莱的山沟里,到松花江畔
从保家卫国,到建设祖国
把党性融入生命
把爱奏到血脉
你们站在哪里,哪里就高扬起一面旗帜

**人物事迹**
汪人锋(右)李冀不管世位高低,不计个人报酬,寿病,奔荫,风花披雪20余载,离休后,他们为青少年研究史,冯在郑首工讲授先进典型、为国...... 他们一行工作光阴七千余件,哀表直被授爱荣,展得党中央颁发的首批"光荣在党50年"纪念章。

### 长庆油田"好汉坡"团队 — 黄土塬上铸丰碑

**颁奖词**
70度陡坡巡井
463座台钻采油
白磨黑度,青春坚守
几代人接续,传楹神薪火
好汉坡上
铸起了一座精神的丰碑

**团队事迹**
长庆安塞油田陆东地跨,一群不满20岁的石油"城堤",在陡坡开发上谱动伟大建设的梦,开启了"好汉坡",创建了陇县陕西地区陕渐油田第一座"安塞精式",30多年来,以"好汉坡"走业发现的精神精神线,在陡坡岩油田地区,甘,宁,内蒙的数万油田员工,传承优良基因,鼓舞油田开发建设奔,成为石油东地震大叙明甘,宁,内蒙的数万油田员工,传承优良基因,鼓舞油田开发建设奔,成为石油东地震大叙明"好汉坡精神,成为石油人的鲜明底色和深厚底气。

# 感动石油

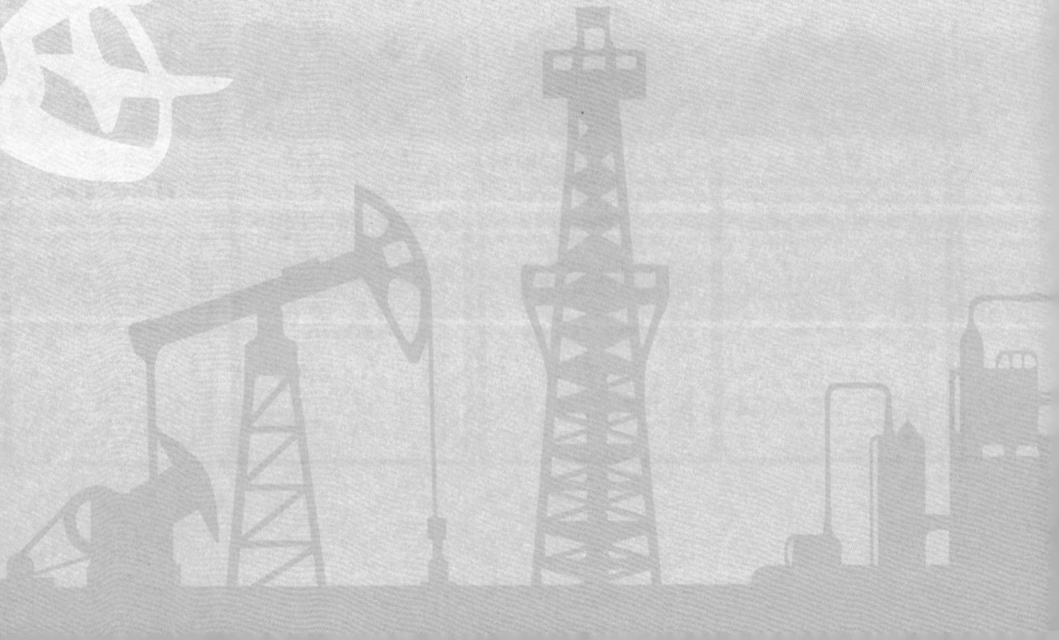

「感动石油人物」提名人选 2024

# 张金友

**大庆油田勘探开发研究院页岩油研究部署项目经理部经理、松辽勘探研究室主任**

从业 15 年，张金友一直致力于松辽盆地非常规油气的勘探部署工作，带领团队创新建立陆相页岩油原位成藏地质理论，推动设立古龙陆相页岩油国家级示范区，获得全国五一劳动奖章、黑龙江省劳动模范及大庆油田新时代"铁人式标兵"等荣誉，在核心期刊发表论文 30 余篇。

"感动石油人物"提名人选

# 初心不改兴油梦　勇闯禁区擒油龙

2009年毕业后，张金友心怀科技兴油的梦想和对百年油田的憧憬，选择了大庆油田。15年来，他潜心非常规基础研究，以打破砂锅的求真精神和破釜沉舟的豪迈气势，破解重重"地下谜题"，冲破致密油、页岩油的技术"封锁线"，带领团队实现了页岩油历史性战略突破，为全面建成基业长青的世界一流综合性国际能源公司和世界一流现代化百年油田奉献着自己的青春和智慧。

张金友为团队成员讲解页岩油特性

他执着专注，面对古龙页岩油勘探开发世界级难题，勇闯"无人区"，打破国内外权威论断，取得多项颠覆性认识，在只有头发丝 1/500 的孔缝里找到石油，部署的古页油平 1 井获日产 40.9 吨高产油气流，首次在世界上实现陆相页岩型页岩油从"0"到"1"的历史性突破。

他精益求精，创新实验流程和方法，将 1 厘米岩芯样品打磨到几微米，仅半年完成万米岩芯精描、数万次实验分析，首创陆相页岩油原位成藏地质理论，填补了领域理论空白，提交国内单体规模最大预测地质储量 12.68 亿吨，成果获 2020 年度中国十大地质科技进展。

他追求卓越，义无反顾扛起油田接续发展重任，通过烃源岩、古地貌、沉积相、含油性等地质参数系统的评价，明确了松辽盆地北部夹层型页岩油发育的有利区，证明夹层型页岩油含油性好，资源潜力大，是一种新的页岩油类型，目前已经有水平井获得高产突破，展现了良好的勘探开发前景。

# 张 亮

## 辽河油田建设有限公司技术研发中心电焊工

从业14年，张亮凭借不服输的韧劲和超越常人的努力，全面掌握了数十种焊接技术，考取了EN287国际焊工资质、国家高级考评员等证书，并在"嘉克杯"国际焊接技能大赛中获得电焊工比赛第一名，成为辽河油田最年轻的首席技师，中国石油集团最年轻的技术专家之一。他累计获得国家专利27项，推广应用成果20余项，解决施工难题近300个。

感动石油 2024

# 能源国脉上的石油"好焊"

一个面罩，一顶风帽，焊花闪烁时没人能看清他的面庞；一把焊枪，一双巧手，我们都能看到他的杰作。他就是全国五一劳动奖章、中国青年五四奖章获得者——张亮。

"干一行就要爱一行，钻一行就要精一行！"从业14年，张亮用最短的时间、最优的技能成为辽河油田最年轻的首席技师，中国石油集团最年轻的技术专家之一。

在成长的过程中，只有张亮自己知道经历了什么。因为拿焊枪手臂不稳，他就用超越常人的意志去磨炼自己——手上的

管段焊接前，张亮聚精会神地调整焊枪角度

老茧厚了，身体到处都是烫伤，眼睛数次被弧光灼伤，红工服洗得发白，眼镜片越来越厚……功夫不负有心人，他终于把手臂练得越来越稳了。

通过苦练，他在短时间内全面掌握了钨极氩弧焊、全自动焊等数十种焊接技术，考取了EN287国际焊工资质、国家高级考评员等证书，并在"嘉克杯"国际焊接技能大赛中获得电焊工比赛第一名。

"心心在一艺，其艺必工。"同事眼中的张亮，就像"定海神针"，他的出现既意味着遇到难题，更意味着破解难题。

2024年1月，吉林长春白雪皑皑。虎林—长春项目频繁出现层间未熔合等问题。与往常一样，张亮再一次"临危受命"，从天津LNG项目连夜赶往现场救急。他把自己关在焊棚内，不断调整焊接电流和电压，凭借着多年积累的经验，仅用1天时间，成功调试出了困扰项目多日的焊接参数。

多年来，他先后为中俄东线天然气管道工程、西气东输四线天然气管道工程等10余个国家重点工程，解决了隧道施工进度慢、山区焊接一次合格率低等施工难题，他指导过的机组多次荣获"全线标杆机组""质量信得过机组"，他所在的团队和所建工程多次获评"全国工人先锋号"、国家优质工程金奖等荣誉。

"焊道就是焊工的签名，签了名，就要为自己的工作负责。"张亮一直严于律己，对学员更是注重言传身教。

在他的教导下，学员的焊接水平直线上升，他相继培养了5名高级技师、13名技师，30余名徒弟在辽宁省、中国石油集团等焊工比赛中斩获佳绩，为30多个国家重点工程项目输送焊工3000余人次。

2024年4月，张亮在东北石油大学参加中国石油集团举办的"高技能人才研修班"，并被该校聘为校外辅导员。他将成长经历和专业技能分享给广大学子，让他们走近石油，了解石油人。

工作14年来，张亮累计获得国家专利27项，推广应用成果20余项，解决施工难题近300个，创造效益近6000万元。他用一项项成果诠释着对企业最真挚的情感，践行着新时代石油人的担当与奉献。

# 史 昆

### 青海油田采油一厂生产运维中心
### 尕斯第一运维组采油班班长

  从业30载,史昆从一名普通采油工成长为专家型人才。他和团队致力于油井技术创新、降本增效,研究的智能泡排技术、防冻取样阀等72项创新发明成果得到普遍推广应用,先后获国家专利17项、省部级创新成果奖15项,攻克各类生产技术难题近200项,累计创造经济效益上亿元。

感动石油 2024

# 妙手匠心　筑梦高原

从业 30 载，他从一名普通采油工，成长为我国石油行业油气生产领域高精尖技术技能专家；从创建"采油状元工作室"到成立"史昆技能大师工作室"，他带领工作室解决采油一线生产中的一系列难题，享受国务院政府特殊津贴。他，就是史昆。

1995 年，他成为一名采油工人。"要干啥，就得干出个样儿来！我一定要做一个懂技术的采油工！"史昆说。

他白天跟着班长、师傅上井，晚上就细心揣摩、钻研，笔记记了十几本。为了熟练掌握采油工最要紧的两项技能——调整曲柄平衡、更换阀门，他一遍遍刻苦练习，工具将手背划出

史昆在计量间进行切换流程操作

一道道血口子，手掌磨出血泡，两臂发酸抬不起来，他始终没有退缩……1997年，他在厂级技能比赛中脱颖而出，第一次获奖更加激发了他钻研技术、向上攀登的志气。

数年前的一个冬夜，有口边远井管线冻堵，回压升至4兆帕，被迫停井。刚刚躺下的他接到通知后，立即赶往井场。

深夜，气温接近-30℃。在顶线车的逐渐增压下，他突然发现井口法兰垫片刺漏，于是他在车灯的照射下开始更换垫片。顷刻间，管线里的混合液体就将手套、衣裤全部打湿。寒风中，他的工衣被冰冻得结结实实，酷似战士身上穿戴的盔甲，10个手指冻得钻心地疼。可是他没有停下来，匍匐在污油、污水里两个多小时，更换了5次垫片。天亮时分，解堵终于获得成功，史昆的身体也被冻得失去知觉，被同事扶进了值班房。

巡井、发现问题、解决问题……在他眼里，每一口井都是有生命、有感情的，他用心守护着作业区600多口油水井。

2012年，"采油状元史昆工作室"成立。2014年，"史昆职工技术创新工作室"授牌成立。

柴达木盆地的冬季寒冷而漫长，取样口经常冻堵。他设计了防冻取样放空阀，大大减轻了工人的劳动强度，消除了安全隐患。在抽油机井生产管理中，故障成因复杂，对此，史昆首创"抽油机井生产不正常判断处理法"，在油田近2000口井上广泛应用，诊断生产故障准确率达95%，成为岗位员工在生产现场诊断故障的主要方法，显著提高了现场生产管理效率。

以工作室为依托，他带领团队解决了近200项一线生产难题，累计创造经济效益上亿元；累计带徒近百人，培育了一批技术骨干。

如今的史昆，仍然谦虚地自称"一名懂技术的采油工"。未来，他还将继续发扬劳模精神、工匠精神，与昆仑相伴守护油井，以妙手匠心书写华章，用坚守和创新为新时代高原油田的高质量发展挥洒汗水和贡献智慧。

# 赵丽敏

## 中国石油（伊拉克）艾哈代布公司副总工程师

赵丽敏长期从事海外油气田的开发技术研究与开发生产管理工作，先后承担10余个海外油田的开发方案编制、技术支持和伊拉克艾哈代布油田的开发生产管理，获得全国劳动模范、全国五一巾帼标兵、中国石油集团巾帼标兵等荣誉称号，当选为中国妇女第十二次、第十三次全国代表大会代表。

感动石油2024

# 在美索不达米亚平原盛开的"宝石花"

赵丽敏从事海外油田开发23年，先后承担了10余个油田的开发方案、调整方案编制及数十项课题研究，建立了上百个油藏地质模型，评估地质储量、开展井位优化和开发部署，有力支撑了油田的上产和稳产，相关研究课题获得省部级及局级科技奖励20余项。她长期与外方开展技术交流合作，专业技术水平得到外方专家普遍认可，亲和力、抗压力、沟通力和应变力出类拔萃。

2017年，赵丽敏承担起艾哈代布油田开发工作。针对碳酸盐岩油藏水平井规模注采世界级难题，她带领团队从灰岩储层

赵丽敏从事海外油田开发23年，被中外方专家称作"海外铁娘子"

非均质性刻画、注采政策、方案调整和技术管理等方面入手，提出"一井一策"注采方案，创造性地实施不稳定注采先导试验，一举缓解了地下开发矛盾，被中外方专家称作"海外铁娘子"。

2018年，赵丽敏团队通过系统化数据串联分析，大胆设想油田存在新潜力油藏。经过反复论证、精心部署，第一口潜力层测试井在2个层系试油成功，一举改变了伊方专家对油田的认知。

在2020年新冠肺炎疫情期间，石油行业遭遇前所未有的冲击，艾哈代布项目也经历了10余次资源国限产限输。面对疫情、限产限输、油藏矛盾等不利因素叠加的极端挑战，赵丽敏勤疏导、稳人心、鼓士气、变思路，充分利用难得的"窗口期"保持注采平衡，并取得显著成效，再通过稳油控水等一系列"组合拳"，取得了显著经济效益，也为2024年年初油田产量回升奠定了基础。

多年来，赵丽敏始终保持对油气勘探开发事业的挚爱，数据蓝海、商务谈判、技术交流始终是她职业生命的主旋律，而随着主旋律愈加绚烂的就是那朵"宝石花"。

# 达克达里峰·萨都奥维奇·叶辛古洛夫

中国石油（哈萨克斯坦）阿克纠宾公司第一副总经理

1997年至今，叶辛古洛夫始终用爱岗敬业书写合作篇章。他积极推动油田稳产上产、保护企业资产安全、维护社会稳定，为中哈油气合作作出卓越贡献。他先后获中哈油气合作25周年杰出贡献奖章，中国石油集团"一带一路"10周年、"走出去"30周年优秀境外员工等荣誉。

## 患难与共　守望相助

中哈油气合作 27 年来，每次在公司生产和安全遇到挑战的时候，叶辛古洛夫每次都冲锋在前，用爱岗敬业书写合作篇章。

2024 年 3 月底，哈萨克斯坦发生春汛特大洪灾，积雪融水冲破河堤，侵袭阿克纠宾州多地。哈萨克斯坦政府宣布遭遇近 80 年来最严重的自然灾害，包括阿克纠宾州在内的 10 个州因洪灾进入紧急状态。阿克纠宾公司第一时间启动应急响应，迅速成立联合公司抗洪抢险复产指挥部，叶辛古洛夫担任现场总指挥。

叶辛古洛夫在中国石油工作近三十年，用爱岗敬业书写合作篇章

3月29日，叶辛古洛夫到达肯基亚克油田现场的第一天是洪水高峰日，由于部分地区溃坝，他脚下的堤岸随时可能被击垮。当天最低气温是-6℃，叶辛古洛夫在最紧急的几个昼夜里，与现场中哈方员工一起，手挽手，肩并肩，奋战在抢险第一线。

4月13日，抗击洪水的第15天，洪水最高峰虽过，但油区内剩余水量仍有1000余万立方米，大多数油井和设施仍处于水淹或关闭状态，油区亟须排洪和复产上产。按照公司和指挥部的决策，叶辛古洛夫指挥现场各参战单位，一边利用公司的30台机械，一边紧急调用各二级单位设备，保卫大坝，确保油田最大限度减少损失，按序快速复产。

2022年1月，阿克纠宾公司所在的哈萨克斯坦阿克纠宾州社会治安状况恶化，给项目正常经营带来较大挑战。面对危机，阿克纠宾公司立即成立了紧急情况应对指挥部，以维护生产秩序，叶辛古洛夫担任哈方总指挥。

在此期间，油田现场和阿克纠宾市内的公司总部都处于高度警戒状态。肯基亚克采油厂通往油田的道路通行受到限制，叶辛古洛夫想尽办法合理调用各方资源，缓解油田现场的风险，保障油田基础设施安全。

当面临危险时，叶辛古洛夫挺身而出，向相关人员说明情况和法律规定，并耐心劝诫。最终，他的勇敢行为保护了公司工作人员的安全，使公司资产免受损失。

叶辛古洛夫1991年毕业于哈萨克斯坦理工大学。1997年，他进入中国石油参股的阿克纠宾公司工作，经过十多年油田现场和基层管理工作的磨炼后，担任阿克纠宾公司十月采油厂厂长。在此期间，他引入新的组织管理方法，团结中哈方员工一起解决油田开发难题，综合利用酸化压裂技术、大型气举采油、分层酸化压裂等新技术新工艺，推动油气生产管理迅速实现规范化和快速发展。

叶辛古洛夫任第一副总经理期间，在他的参与主导下，公司成功开发了肯基亚克盐下油藏、巴列姆油藏，原油上产有力助推肯基亚克盐上油田产量重上 50 万吨高峰，为阿克纠宾公司油气产量当量稳产十年作出积极贡献。

叶辛古洛夫始终与中方同事团结协作，共同维护公司利益，用对石油事业的忠诚和敬业赢得了中哈方员工的好评，中方同事都亲切地称他为"叶辛"。

# 尚彦华

## 兰州石化公用工程二部生产组技术员

54岁的尚彦华是一名老石油人。2024年是她工作的第32年,也是她无偿献血的第17年。她的血型为A型Rh阴性血。她深知稀有血型是上天的眷顾,31岁时就加入中国稀有血型联盟,成为志愿者,等待召唤,义无反顾,为了他人的希望从不退缩,挺膺担当延续生命的精彩。

"感动石油人物"提名人选

# 用热血为生命"加油"

"我身体素质还行,想到献血可以挽救他人的生命,所以就坚持下来了。"尚彦华是兰州石化公用工程二部生产组一名技术人员,长期扎根基层一线,成为生产技术领域人人称赞的骨干。同时,她也是一名"熊猫血"拥有者,从 2007 年开始参加无偿献血,已经坚持了 17 年。

2000 年,30 岁的尚彦华需要做一次大手术,当所在区的各医院知道她是 A 型 Rh 阴性血时都不敢收治,怕手术过程中万一

尚彦华是一名"熊猫血"拥有者,坚持无偿献血 17 年,同时也是人人称赞的生产技术骨干

大出血不具备输血条件。家人陪着她赶赴省医院，主治医生限于血型稀有、血库没有库存，也不敢冒险给她做手术。全家又辗转到西安，所幸手术顺利也恢复良好。

几经波折，尚彦华深深意识到稀有血型的珍贵，以及稀有血型病患的艰辛。出院回家休养期间，她浏览各大网站搜集各类稀有血型信息。了解到全国稀有血型血液库存少，稀有血型病人输血难的状况后，她主动去甘肃省血液中心备案献血，先后加入甘肃稀有血型省血液中心交流群和中国稀有血型联盟，并主动告知管理人员随时可以无偿献血。

2007年3月3日，当时正在兰州石化丙烯酸厂生产技术科上班的尚彦华，接到甘肃省血液中心工作人员的电话，说有一位稀有血型病人急需用血。她迅速安排好工作，跟单位办理请假手续后，就马不停蹄地赶往兰州市城关区盐场路小沟坪甘肃省血液中心。在确定身体健康、血型匹配后，她挽起袖子立即献血，心里也在不停地为那位病人祈祷。

让尚彦华记忆最为深刻的是一次捐献血小板的经历。2019年11月8日，血液中心发布了急需血小板挽救病患的消息，尚彦华没来得及跟家人商量，自己便打车赶往兰州市西站采血点。

等她赶到采血点时，工作人员早已做好体检准备，一边对她讲注意事项，一边进行献血前的各项检查。一切就绪后，她躺到血液分离机旁边，血液缓缓进入分离机，血小板在机器中被分离出来，收集在一个透明的袋子里，被分离血小板的血液再从机器中反输回体内。整个过程采血和回血交替进行，已不再年轻的尚彦华感觉很难受，操作人员告诉她如果不适可以停止抽血，但想到病患急等着用救命的血小板，她选择了继续，最后顺利完成了采集。这是她第一次献血小板，为拯救这位白血病人，她拼尽了全力。

从去甘肃省血液中心备案献血的那一天起，尚彦华养成每天运动锻炼的好习惯，就是为了每次献血身体机能指标正常，可以用自己滚烫的热血，给予素未谋面的陌生人以生的希望。

# 谢　昕

### 西北化工销售销售事业部技术服务中心高级主管

谢昕博士毕业后就加入了中国石油。18年来，她先后从事聚烯烃新产品开发、技术服务及相关技术管理工作，长期为生产企业、销售企业及客户提供技术咨询、技术服务及培训等服务，获得广泛好评。参与的科研项目"车用聚丙烯专用树脂SP179的工业开发与应用"获中国石油集团科技进步二等奖。

# 甘做产销"金桥"的女博士

"如果说产品生产和市场应用之间需要一座桥梁的话,我愿自己就是那座桥梁。"这是谢昕常说的一句话,也是她加入西北化工销售公司的原动力。

谢昕1996年进入西北师范大学就读本科,2006年于高分子化学与物理专业博士毕业。十年磨一剑,博学多才的她多次放弃南方发达城市的高薪邀请,义无反顾地投入到"西部大开发"热潮中。

为了更好地服务上下游企业和用户,谢昕始终把学习放在第一位

入职中国石油化工研究院后，工作中的她愈发发现，不仅是研究机构与加工企业之间缺少连接桥梁，研究机构与原料生产企业、原料生产企业与加工企业间同样缺少有效沟通桥梁。看到同事们辛苦开发的新产品最终只能束之高阁，不能及时转化为高效产品造福社会，她当好连接上下游产销"金桥"的决心更加坚定。

2022年8月，43岁的谢昕以技术专家交流的方式入职西北化工销售公司，从事聚烯烃等产品的销售技术服务工作。从此，生产企业现场、终端用户作业操作间都多了一道忙碌的身影。最近两年，她答疑解惑、协调解决各类问题上百个，为上下游企业用户及时提供专业精准服务，推进了"产销研用融政"机制的落实。

"谢博士你好，我这边有PP、PE技术方面的问题想请教一下，可以吗？""没问题，稍晚时候联系。"2023年11月15日19时，像往常一样，在外地结束会议交流回到宾馆后，谢昕接到了用户业务人员的电话，随后就通过微信沟通交流起来，她一直和素未谋面的业务人员沟通到凌晨一点多。她说："像这样的隔空业务指导很多，只要能帮助用户，提高石油品牌知名度，自己就觉得值。"

2023年至今，谢昕出差30多次，足迹遍及新疆、甘肃、陕西、北京等省（区）市。2023年10月，她带病坚持工作，一个月内辗转三个城市，到乌鲁木齐给兄弟单位员工进行产品性能培训，为公司产品销往"一带一路"中亚国家打好基础；赶赴北京、海南参加标准工作会、新产品对接会，为中国石油新产品新材料销售提供技术标准支持。

工作中坚强、刚毅的谢昕，一旦提及家人就再也抑制不住内心的牵挂和愧疚。

2023年7月，85岁高龄的母亲因病住院，身为技术负责人的谢昕正在陕西宝鸡出差，她只能委托姐姐照料母亲，心中默默祈祷母亲早日康复。作为母亲，谢昕也错过了女儿的很多成长时刻。2023年11月，出差在外的她只能通过视频陪女儿过生日。当女儿许下"希望和爸爸妈妈一起到动物园玩一趟"的生日愿望时，谢昕微笑着答应了女儿，但挂断视频通话的那一刻，她再也忍不住夺眶而出的泪水。

谢昕把人生最宝贵的时光奉献给了中国石油化工产品销售事业。她说："我愿意永远做连接上下游产销企业用户的'金桥'。"

# 张本荷

## 云南销售昆明分公司五华区阿米巴巴长

张本荷从业 21 年，立足岗位、敬业履职、勇于奋斗，从一名加油员成长为加油站经理。自 2014 年"张本荷劳模创新工作室"成立以来，她立足基层创新"九大理念"、47 项优化举措，累计培养了 56 名优化师和 780 名优化骨干，先后获得全国五一劳动奖章、中央企业劳动模范等近 50 项荣誉。

# 铿锵奋进路　逐梦新征程

全国五一劳动奖章、中央企业劳动模范、中国石油·榜样、中国石油十大特等劳动模范、第二届中国石油成品油销售系统"十名加油状元"、集团公司十大金花加油站经理、公司砥砺奋进20年·杰出贡献人物奖……工作20年，39岁，40余项殊荣，张本荷是如何从一名普通加油员成长为集团公司加油站操作技能专家？

回看她的成长路，性格里的坚韧与乐观、迎难而上的勇气和魄力，张本荷注定能够披荆斩棘、破茧成蝶。

"多说一句、多看一眼……这是张本荷式服务法！"

2003年，19岁的张本荷进入原西南销售滇中分公司，成了曙光加油站的一名加油员。记得那是一个闷热的午后，张本荷正在给一辆车加油，另一边排队的司机大声嚷道："我比他先到，为什么先给他加？赶紧给我加50块钱的！"张本荷一边道歉，一边立即给他加油。不想，这名顾客又要加10块钱的，一次，两次，整整加了五次。事后，张本荷常常自责：如果当时能"多说一句、多看一眼"，是不是就不会有后面的事情。

此后，张本荷苦练加油服务操作，从迎送顾客到唱收唱付，从取枪加油到收枪复位，她把每个步骤所花的时间精确计算到秒，在千万次的尝试中，总结出了"多说一句，给顾客温馨提示；

感动石油2024

多看一眼，把顾客记在心中；多帮一把，给顾客送去温暖；多跑一步，拉近与顾客距离"的"张本荷式服务法"。

"优化百座站，增收一千万！"

2014年，云南省总工会授牌命名的"张本荷劳模创新工作室"成立。张本荷和工作室成员围绕企业发展和生产经营工作，

张本荷扎根加油一线，以"张本荷"名字命名的劳模创新工作室受到一线员工的广泛关注

总结出"加油站是一个大平台、小卖场,加油站的每一寸空间都是优质的资源"9个方面的加油站经营管理理念。

张本荷根据顾客行走路线设计货架摆放位置、增加端头货架的小型货架、调整收银台陈列……经过3个小时的优化,便利店焕然一新。第二天,南汀河加油站经理打来电话说,便利店今天卖了3100元,与原来相比足足增长了1500元。截至目前,工作室开展送培训到油站444场次,培训员工1.5万人次,百万元店从原来的112座增长至381座,非油销售增收近1.7亿元。

"人人都是培训师,人人都能做优化!"

2022年,张本荷被集团公司评为技能专家,她深感责任重大,主动调整工作重心,她带领工作室尝试课程开发,不断探索,总结出了四种加油站"送教"优化培训法,打破了以往单一的"干讲式"培训模式,通过"训、练、战、评"方式帮助分公司储备了培训骨干力量,大大提高了培训效果,促使培训转变为绩效。截至目前,累计培养16名优化培训师、56名优化师和780名优化骨干,"U计划"促进了优化团队的成员快速成长,其中3位工作室成员直接从加油站经理晋升为分公司经理助理。

现在,以"张本荷"名字命名的劳模创新工作室受到一线员工的广泛关注,成为行业公认的难题攻关基地和人才培养的摇篮。2023年,张本荷荣获全国五一劳动奖章,她用自己的辛勤汗水和智慧创造,实现了从一个人、一座站、一支队伍、一个工作室,到一种文化、一个品牌、一种精神的示范引领。

# 秦 乐

**天然气销售新疆公司吐鲁番公司**
**总经理、党支部副书记**

14个春秋,秦乐坚守在天然气销售的最前沿,带领团队整治隐患、织密管网,为吐鲁番市注入源源不断的"蓝色动力",成为城市发展的坚实后盾。他先后荣获新疆维吾尔自治区团委优秀团干部、中国石油集团优秀党务工作者等荣誉,被天然气销售公司誉为"我身边的铁人"。

"感动石油人物"提名人选

# 以炽热之心守护万家温暖

作为一名"燃气人",中国石油天然气销售新疆公司吐鲁番公司总经理秦乐常说,吐鲁番就是我们的家,当好能源保供"顶梁柱"就是我们的责任,我们要始终秉承"心有100度的热情,无惧80度的高温"的火焰山精神,服务民生,服务百姓。

吐鲁番市托克逊县的昌泰小区,2018年天然气管道就已铺设至周边,但因项目纠纷,居民还在过着肩背手扛煤气罐的日子。

2023年7月盛夏,面对托克逊县政府解决此事的迫切期望,秦乐挺身而出:"要做就做到最好,誓让昌泰小区居民入冬前用

秦乐在吐鲁番CNG母站进行安全检查

上天然气。"

"送气"之路并非一帆风顺。面对原建设方燃气施工质量把关不严、粗放式施工、用气现场隐患居多等种种不利因素，秦乐一边带领技术人员排查隐患，一边与县政府部门、施工单位积极协商，申请了城市燃气专项改造资金，由公司委托专业队伍整改隐患，一举解决了项目整改牵涉的费用问题。

面对改造中室内装修无预留燃气位置、开放式厨房、安全间距不足、家中无人等一系列问题，秦乐积极协调政府成立改造专班。这期间，秦乐也总是带队冲在最前线，现场指导施工，解答居民疑问。

昌泰小区居民在入冬前的这段时间，全都享受到了"上门答疑""有求必应"的服务。经过4个月的艰苦奋战，昌泰小区的2400余户居民终于在寒冬前，迎来了期盼已久的"安心气"。

吐鲁番燃气行业起步较早，随着城市规模的不断扩大和居民生活水平的持续提升，叠加严峻复杂的天然气供应形势，让吐鲁番输气"主动脉"鄯乌线在寒冷季节的输送能力瓶颈问题日益凸显。

秦乐深知责任重大。2023年9月，他提前紧锣密鼓地筹备起冬季保供工作，带领冬季保供小组沿着鄯乌线一家一户收集资料，汇总成表，为冬供季资源流向提供精准数据支持。

资源有限，为得到各方最大限度的理解和支持，秦乐积极对接政府汇报保供思路争取提高工作力度上的支持，对接上游输气管网单位协调供气路由的支持，对接上级安全生产部门寻求数据采集、安全论证方面的支持，对接下游用户取得"迎峰"时期降低生产负荷的支持。

其间，秦乐带领团队仅用15天就完成托克逊母站新增压缩机项目施工，合理调整母站用户充装点，又为平衡冬供高峰时段各方用气需求提供了物理支持。

秦乐用坚持不懈的努力，成功攻克了鄯乌线的反输量及压力难题，日供气能力由130万立方米提升到147万立方米，为区域内4万多居民用户平稳过冬续足"底气"。

扎根吐鲁番的这些年，秦乐围绕"保供"，挑战了一个又一个"不可能"。为进一步织密燃气管网，稳固保供基础，他推动吐鲁番多家燃气经营企业融入天然气管网"互联互通"队伍，为区域的和谐与稳定发展贡献力量。为彻底打破"甘沟"魔鬼路段对库米什镇天然气道路运输的束缚，他积极协调推动库米什门站建设投产，成功为库米什镇平稳保供和绿色发展注入动能。

2024年6月，吐鲁番公司又携手托克逊县政府，共同签署了城镇燃气战略合作协议，翻开互利共赢、绿色发展的新篇章。当前，"一城一企、一县一网"的城市燃气业务局面，正为吐鲁番市各族人民群众提供着安全、稳定且可靠的绿色能源与服务。

工作时的秦乐，眼神总是透着能源保供"战士"般的坚毅，然而面对家庭，他却是一位心怀愧疚的父亲。2022年11月，坚守在保供一线的秦乐，错过了第二个孩子的降生。尽管没有很多时间陪伴孩子们，但他知道，自己所做的一切，都是为了给更多的家庭送去温暖。

"'爱拼才会赢'，是我的座右铭，我将它悬挂在办公室里，提醒我面对挑战，决不退缩。"秦乐说。他也正以此为激励，成长为燃气领域的杰出"战将"。

# 蒋 峰

**工程建设公司中东地区公司总经理**
**兼哈法亚 GPP 项目总经理**

蒋峰奋战海外 18 年，先后赴巴基斯坦、伊拉克等国家参加项目建设。2024 年 6 月 8 日，由蒋峰担任总承包项目总经理的哈法亚天然气处理厂项目成功投产，被伊拉克政府誉为"中伊合作的典范"。

"感动石油人物"提名人选

# 青春在"一带一路"绚丽绽放

2024年6月8日,伊拉克烈日如火。由蒋峰和他的队友历经5年时间承建的哈法亚天然气处理厂(GPP)项目成功投产。这标志着哈法亚油田的伴生气和凝析油将全部得到加工处理,火炬放空燃烧将成为历史。

GPP项目是伊拉克历史上首个成规模的油气联动项目,是中伊两国在共建"一带一路"倡议下友好合作的又一生动实践,也是蒋峰在"一带一路"沿线上又一倾情奉献的"杰作"。

18年的青春岁月,蒋峰一路跨越山海,一路风雨兼程,从一名石油战线的"新兵",成长为一名优秀的国际项目管理者

感动石油 2024

坚守海外 18 年来，他的青春岁月在"一带一路"沿线绚丽绽放，奏响了高质量共建"一带一路"的最美和声。

2019 年，刚刚交付完鲁迈拉早期电站项目的蒋峰，就被任命为工程建设公司 GPP 项目总经理。GPP 项目是助力伊拉克天然气工业发展的重要战略项目，建成后将"消灭"整个哈法亚油田燃烧的火炬，每年减少近 3 万吨二氧化硫排放量，为下游电站提供 22.7 亿立方米的商品天然气，实现 50 亿千瓦·时的发电量，满足当地 400 万户家庭用电需求，具有重要的经济和社会价值。肩负着伊拉克政府和人民的希冀，蒋峰带领 3000 余名中外员工，在美索不达米亚平原上开始了奋战。

在工作中，蒋峰以"路虽远，行则将至；事虽难，做则必成"为座右铭，时刻激励自己。

2020 年，新冠肺炎疫情突如其来，刚回国 5 天的蒋峰毅然取消休假，返回海外主持工作。此后，他连续在海外工作 15 个月，每天早上 6 点半雷打不动召开"圈会"（大家站在室外围成一圈，高效对接重要事宜），以此推进当天应该完成的重点工作。

在用"望远镜"梳理进度和工序快速推进施工的同时，他不忘用"显微镜"聚焦安全和质量基石。截至投产，GPP 项目顺利实现 2135 万安全人工时。

项目部积极履行社会责任，实施"哈法亚社区友好计划"，不断增强项目部与当地居民的纽带连接，不遗余力地加快当地化进程，引进了多家当地分包商参与建设，施工高峰期为当地提供 1500 多个工作岗位。同时，选拔优秀当地工人，以"师带徒"形式进行专业化技能培训，极大地提高了当地工人的技术水平。

GPP项目是中国石油集团含硫伴生气处理产业链条最长的处理厂，也是伊拉克油田第二轮招标后第一个严格按照环保排放要求实施的伴生气处理厂，是迄今为止中国石油装置单元最多、工艺最复杂的伴生气处理厂。

蒋峰利用自己丰富的经验，提前组织中国石油工程建设有限公司北京分公司、西南分公司设计人员精心策划，反复考证，采用大量中国自主研发制造的塔器等关键设备和相关专利技术，有效提高天然气的纯度和质量，提高天然气的燃烧效率，减少设备腐蚀。

常年在海外的蒋峰缺席了对双亲的照顾，缺席了对孩子的教育，缺席了对妻子的陪伴……他清楚地记得，回国休假打开家门的一瞬间，大女儿欣喜地扑到他的怀里大声喊爸爸；两岁的小女儿见到他却像见了陌生人一样哇哇大哭，一个劲儿往妈妈怀里钻……

18年的青春岁月，蒋峰一路跨越山海，一路风雨兼程，从一名石油战线的"新兵"，成长为一名优秀的国际项目管理者，以奋斗者的姿态，书写着中国石油人的使命与担当。

在项目成功投产之际，蒋峰写下了一首《忆秦娥·哈法亚》："端午节，骄阳似火热风烈。热风烈，旌旗招展，宾客如约。家国相望三万里，数千将士付心血。付心血，五年功成，征程不歇。"

# 吉林油田二氧化碳开发公司 CCUS 技术攻关团队

吉林油田二氧化碳开发公司 CCUS 技术攻关团队成立近 20 年来,积极探索低成本的效益开发新模式,关键核心技术屡获突破,建成的 CCUS 国家级示范工程是亚洲最大的提高原油采收率(EOR)项目。团队曾荣获吉林省五一劳动奖状,研发的 CCUS 全产业链创新技术获得 2023 年度"零碳中国"十大创新技术荣誉称号。

"感动石油人物"提名人选

# 攻坚探索 奋进创"新"路

CCUS 是指二氧化碳捕集、利用与封存的技术,兼具"减碳、增油"两大功能,是集"端牢能源饭碗"和实现国家"双碳"目标于一体的技术之一,更是中国石油践行"减碳、用碳、替碳、埋碳"的一把利器。吉林油田二氧化碳开发公司 CCUS 技术攻关团队(以下简称 CCUS 团队)肩负着国家能源安全、环境保护和科技创新的重任。

近 20 年来,这支精英团队不断探索低成本的效益开发新模式,推动关键核心技术屡获突破。他们用自己的智慧和汗水,书写着一段段艰辛而又辉煌的历程。

吉林油田 CCUS 攻关团队聚力攻关井筒完整性是否满足 CCUS 注采要求

CCUS 团队成立，正值国家能源结构调整和环境保护要求日益严格的关键时期。面对开发技术难度大、研发周期长等诸多困难，团队成员们没有退缩，而是迎难而上，砥砺前行。

CCUS 团队为了收集第一手资料，深入现场，调研实际情况；夜以继日，反复试验，不断改进技术方案；团结协作，互相支持，共同攻克了一个又一个技术难关。在无数个日日夜夜的奋斗中，建成了国家能源 CCS-EOR 技术研发（实验）中心和中国石油二氧化碳驱油与埋存试验基地，逐渐摸索出了一条适合吉林油田实际情况的二氧化碳开发道路。

技术创新是 CCUS 团队的核心竞争力。他们紧密跟踪国内外最新技术动态，不断引进、消化、吸收、再创新，形成了一系列具有自主知识产权的核心技术。

2021 年年末，吉林油田大情字井区块未动用储量资源不佳，且油层变薄、物性变差、油藏连续性较差，属于典型的低孔、低渗、低丰度油藏。CCUS 团队反复计算和论证，最终得出此区块水驱开发的产能建设内部收益率仅为 5.2%，未达到中国石油最低开发的效益门槛。

面对储量与效益的双重挑战，CCUS 团队始终没有放弃。经过数次思想碰撞，借助二氧化碳驱提产增效的开发优势，统筹兼顾油藏、注采、地面三大系统，他们创新提出建设大情字井低渗透油藏建设 CCUS 二三结合示范区，构建 CCUS 注采一体化平台建产模式。

经过 10 余轮次的井位优化，CCUS 注采平台建产模式总投资降低超 2000 万元，采收率提高 20%，累计增油量 50 万吨以上，内部收益率达到 8.1% 的超企业标准。最终，建成国内 CCUS 项目中最大的注采一体化平台 27 口，实现节约建设投资、集中生产管控、降低安全风险、新建橇装无人值守等目标。

作为国家能源领域的重要力量，CCUS 团队始终牢记使命、担当责任，积极践行国家"双碳"战略。他们深知，实现"碳达峰碳中和"目标是一项长期而艰巨的任务。在全力推进二氧化碳驱规模扩大工程建设中，通过不断增强气源、设备、管网、注气井的注入保障能力，协调省内碳源企业，建立了"气相优先、循环利用、液相补充"的气源联动机制，拓宽气源保障渠道，为"负碳"油田开发再添新力。

当前，吉林油田风光发电项目与 CCUS 已建、在建项目深入融合，清洁能源产生多重叠加效应。在二氧化碳开发公司黑 72 平台生产现场，清洁能源与传统能源的互补，有力推动了从"零碳油田"到"负碳油田"绿色发展的进程。

# 国际事业公司
# 中亚天然气保供小组

国际事业公司中亚天然气保供小组已成立17年。这个由50多人组成的精干团队，积极拓展与中亚各国的天然气贸易合作，协调中亚各气源方平稳足量供气。他们承担了我国每年天然气进口总量四分之一的保供任务，在组织天然气资源进口、保障民生的征程上不断迈出新步伐。

## 跨越万里　保万家暖流

在遥远的中亚腹地，一条蜿蜒万里的天然气管道穿越广袤的草原和沙漠，将宝贵的清洁能源从哈萨克斯坦、土库曼斯坦和乌兹别克斯坦输送至我国境内，守护这条"生命线"的是国际事业公司中亚天然气保供小组。

中亚天然气保供小组由国际事业公司天然气一部、哈萨克斯坦公司和西北公司的有关部门共同组成。2007年，这支约50人的团队跨越国界，开始筹备进口管道气业务。通过商务谈判，他们助力中国石油集团落实了数千亿立方米天然气资源，占国内每年天然气进口总量的四分之一。

12月，是每年冬季天然气保供的关键时刻，也是突发情况和极端天气频发的节点。

2020年12月29日凌晨3时，一场突如其来的停电波及整个土库曼斯坦，天然气供应受到严重威胁。

土库曼斯坦公司业务主管王一丞得知情况后，立刻进入工作状态。停电也影响了通信，他只好冒着严寒，在寂静的街道上边走边寻找信号。终于，借着微弱的信号，他蹲在街边将一线最新情况发回国内。在土库曼斯坦天然气供应连续降量的30多个小时里，王一丞与前线计量员一同奋战，几乎两天两夜没有合眼，直到故障排除，供应量稳步回升，他紧绷的神经才逐

感动石油 2024

2024年4月，由国际事业公司主办的土—乌—哈—中天然气管道运行协调委员会第三十次会议在厦门召开，中亚天然气保供小组成员与参会的部分中、外方代表合影留念

渐放松下来。

"做天然气保供这份工作，感觉每一次的供气波动都牵动着自己的心。"王一丞说道。

这只是保供小组日常工作中的一个缩影。对全体组员来说，无论身处何地，面临何种挑战，他们都必须迎难而上，挺膺担当。

2022年12月，中亚寒流来袭，供气量骤降一半。国际事业公司天然气一部的施佳敏正发着高烧，突然接到紧急任务，需要提供一份土、乌、哈目前的供气情况详细报告。

当时，施佳敏全家相继感染新冠肺炎病毒，母亲住院，急需陪护；孩子居家学习，需要照看；丈夫隔离在外……

"我对情况比较熟悉，我来做是百分之百应该的。"施佳敏匆匆向病榻上的母亲解释后，便全身心投入到工作中。第二天，她按时交出了一份准确翔实的报告。

2023年12月，气源方再遇重大波动，哈萨克斯坦公司原油天然气部的王啸林毫不犹豫挺身而出，孤身一人从阿拉木图飞往阿斯塔纳，冒着-30℃的严寒，迅速与哈萨克斯坦天然气公司相关人员会面，实时监控气量变化，敦促作业，并多方斡旋，确保信息畅通。

"任何一名小组成员，遇到这种情况都会顶上去，只是当时恰好是我。"供气恢复正常的那晚，王啸林才睡上半个月来的第一个安稳觉。

在克服困难、解决棘手问题的同时，保供小组也积极搭建平台、促进合作共赢。2024年，以这个团队为主力，国际事业公司代表中国石油举办了第三十次土库曼斯坦、乌兹别克斯坦、哈萨克斯坦和中国四国天然气管道运行协调会。会上，该公司郑重提出了"让我们携手前行，共同筑牢中国—中亚地区能源合作的金桥"的倡议，得到了各国参会代表的一致认同，为中国石油构建陆海相济、互联互通的多通道保障和多元化能源进口体系，促进中国与共建"一带一路"国家贸易畅通、民心相通作出重要贡献。

跨越万里，勠力同心。从冬季保供，到迎峰度夏，在组织中亚天然气资源进口保障民生的征程上，中国石油中亚天然气保供小组一直携手并进，不断书写着新的篇章。

# 感动石油 2024

## 2 | 特别报道

《中国石油报》2024年8月5日 2/3版

# 第二届感动石油

编者按：2024年是中华人民共和国成立75周年，是习近平总书记提出能源安全新战略聚力和战斗力，团结引领百万石油员工牢记重大嘱托、当好标杆旗帜，在新征程中活动。活动开展以来，本报陆续刊发了入围人选的典型事迹。经评审组严格遴选激励广大干部员工在集团公司奋力推进世界一流的新征程中立足岗位、再建新功

## 个人

### 王德民
**一生择一事 一事终一生**

事迹简介：王德民，油气田开发工程专家，中国分层开采工艺和化学驱油技术的奠基人，中国工程院首批院士。他先后获得38项省部级及以上科研成果，为大庆油田保持高产稳产做出重大贡献。曾获黑龙江省最高科学技术奖、中央企业劳动模范等荣誉。2016年，国际小行星中心命名委员会批准210231号小行星命名为"王德民星"。

### 张金友
**初心不改兴油梦 勇闯禁区摘油龙**

事迹简介：从业15年，报告式科研报告累计17册。勇担国家重大专项、中国石油重大科技专项，带领团队积极建立陆相页岩油地质甜点评价标准等十余项国家标准体系，立足发展油气勘探技术，助力松辽盆地陆相页岩油勘探重大战略突破。荣获"最美基层新时代青年人"、"全国创新争先奖"等荣誉。曾在核心期刊发表论文30余篇。

### 张亮
**扎根基层中心 守护温暖情怀**

事迹简介：[text]

### 刘勇
**川南页岩气的"追梦人"**

事迹简介：刘勇全程见证并参与了川南页岩气的大规模开发，在他播下希望的种子如今已开花结果。带领页岩气攻关团队建成国内最大的页岩气产区和年产400亿方世界级页岩气大气田的重要成绩。荣获中国石油科技创新特等奖、中国石油技术进步特等奖等十多项技术奖项。

### 史昆
**妙手匠心 筑梦高原**

事迹简介：从业30载，史昆是一名青藏高原江达长的专家型人才。先后荣获国家高级技师、授权国家专利7项，管理革新和成果奖15项，成为青藏高原油气生产技术领域的200项，累计创效预计可达上亿元。

### 冯建勋
**[text]**

事迹简介：[text]

### 萨尔达尔·阿玛诺维奇萨帕尔加尔德尔·
**与阿姆河气田共成长**

事迹简介：作为土库曼斯坦一级工程师，已在岗位工作16年。他翻译编辑培训636名员工，培养了一批阿姆河气田一线骨干技术人员，被评为"民族工匠"。带领团队圆满完成中阿天然气管线建设任务。

### 叶古志达克达里峰
**患难与共 守望相助**

事迹简介：1997年参与，叶古志达克全家接受油田捐助产生深厚感情，他积极协助油田扩建生产工厂，维护油田生产安全。爱护石油员工，对石油文化充满深情。他的举止在海内外产生共鸣，被中央电视台等媒体多次报道。荣获"一带一路"10周年、"走出去"30年优秀模范员工等荣誉。

### 江人锋 李翼
**[text]**

事迹简介：[text]

### 王尚典
**从"断指铁人"到"身边的大国工匠"**

事迹简介：王尚典扎根车间一线20年，在逆境中披荆斩棘，建树重要，一举夺得全国职工技术大赛车工冠军，被称为"断指神匠"。先后研修职业工程专业机床，带领团队攻克难关，解决一线生产难题80余项、获得省、市系统创新成果奖30余项。全国技术能手、全国劳动模范、全国"五一"劳动奖章、全国能源化学地质系统"月达的大国工匠"等省部级以上荣誉30余项。

### 谢昕
**甘做产销"金桥"的女博士**

事迹简介：谢昕博士毕业后坚定加入了中国石油。18年来，她先后负责筹建销售产品开发、试点示范新技术成果管理工程。她坚守基层科研生产18年。她立足岗位做好本职工作，扎根于技术服务与研发现场，技术服务及领导工作服务，牵头完成"东西管网输气项目储气库SP179的工序开发与应用"获中国军油服国际科技一等奖。

### 袁婷婷
**[text]**

事迹简介：[text]

### 秦乐
**以炽热之心 守护万家温暖**

事迹简介：14个春秋，秦乐坚守在天然气销售前沿岗位，带领团队全力践行"国之动力"，为抢险抢修带队身先士卒，始终坚守党员的"国之动力"。带领团队成员服务在自治区酒泉供气带县下7种气地气一线服务，他先后获得酒泉市各项优秀干部、中国石油集团优秀共产党员、甘肃省天然气销售公司劳动模范等荣誉。

### 蒋峰
**青春在"一带一路"绚丽绽放**

事迹简介：蒋峰奋战海外18年，先后在巴基斯坦、苏丹在俄罗斯参加项目建设。今年6月9日，达峰坚守在苏丹北部油管道建设上实地指导现场，大热气化管厂项目成功投产，提升社区共建奋斗为"中伊合作的典范"。

### 张来勇
**[text]**

事迹简介：[text]

"感动石油人物"提名人选

扫码关注中国石油报微信公众号参与投票
投票时间：8月6日8时到8月12日24时

**团体**

### 个人

**能源国脉上的石油"好焊"**
事迹简介：从业14年，崔兆凯曾不眠不休的钻井和掘地下管道长，考察了八2B7国际焊工大赛，荣获业界评价最高的一等奖。他学习焊工技能第一三式...他累计完成27项，确定压实第20余项，解决施工难题共300个。

**征途二十二载 守护一方平安**
事迹简介：冯建伟是一名专家级的海外市场安全主任，多次在境外危险环境下坚守抗险工作...

**一世许一诺 一诺守一生**
事迹简介：认真，踏实到1的事业下留下足印迹，三十八年。他参加，排完成其他20余项。其他工程项目...

**绽放的石油"蓝玫瑰"**
事迹简介：金腾姊芪姐加盐铁25年，从事长打工期成长为上海中人大代表，全国五一劳动奖章获得者...

**石油化工技术的领跑人**
事迹简介：华方景居"国家杰出工程师"奖获得者，奠基我国石化40年领工程技术发展...

---

**李裕杰**
新疆油田试验检测研究院的检测先锋

**赵丽敏**
中国石油 林油田碳资源代表

**尚彦华**
兰州石化石油工程一厂装炉工高级技师

**张本荷**
大庆油田化工厂操作室合成气班长

**郑有录**
华北油田采油一厂西柳10作业区班长

---

**磨小石头的大制片师**
事迹简介：看东制片师已是一个小...

**在美索不达米亚平原盛开的"宝石花"**
事迹简介：刘丽敏刻伊拉克项目一线...

**用热血为生命加"油"**
事迹简介：54岁的他是一名一名老党员人，今年是她加入16年...

**铿锵奋进路 逐梦新征程**
事迹简介：张本荷从业21年...

**驰骋"世界屋脊"配送清洁能源**
事迹简介：郑有录是第一批执行西藏天然气工程的老井管理者...

---

### 团体

**万米深井攻坚团队**
叩问万米 当好能源保供"顶梁柱"
事迹简介：万米深井大坎团队是中国石油深地塔里木一井...

**"好汉坡"团队 长庆油田**
风似钢刀雨如梭 好汉坡上好汉多
事迹简介：陕北矿气田大会战鏖战前沿阵地...

**CCUS技术攻关团队 吉林油田二氧化碳开发公司**
攻坚探索 奋进创"新"路
事迹简介：吉林油田二氧化碳攻关CCUS技术攻关团队成立已近20年来...

**创新团队 石化院POE**
勇于亮剑 决战创新之巅
事迹简介：石化院烯烃新材料POE中试创新团队...

**中亚天然气保供小组 国际事业公司**
跨越万里 保万家暖流
事迹简介：国际事业公司中亚天然气保供小组已成立17年...

# 感动石油

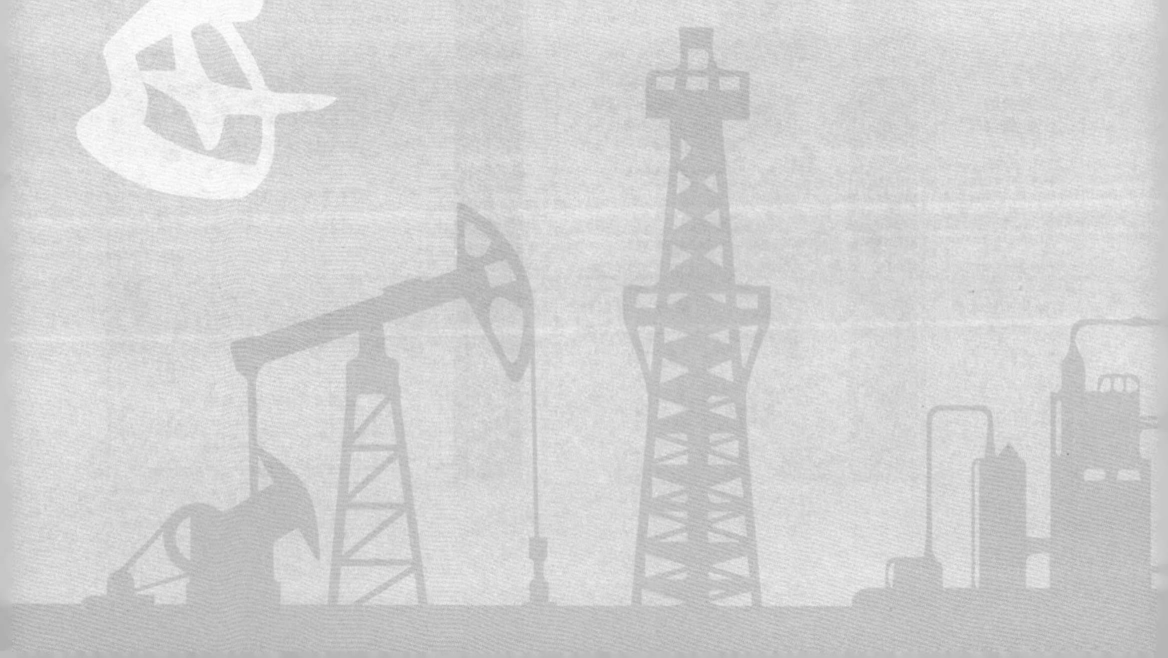

# 企业反响 2024

# 榜样为先　接续奋斗

/ 中油国际公司

集团公司第二届"感动石油人物"颁奖典礼举行后，获奖个人和集体的先进事迹和感人故事在中油国际公司内部引发热烈反响。大家纷纷表示，要学习感动石油人物的优秀品质，增强责任担当意识，以实际行动端牢能源饭碗，为高质量推进"一带一路"油气合作贡献力量。

此次颁奖有两个亮点让海外油气业务员工印象深刻，心潮澎湃。一个亮点是，石油人物中有一名海外业务员工——中国石油（伊拉克）哈法亚公司 QHSE 部经理冯建勋，他的先进事迹引发了大家的强烈共鸣。扎根海外、远离亲人，在安保形势严峻的伊拉克，一群海外石油人秉持"我为祖国献石油"的理想信念，矢志奉献，用青春和汗水谱写了一曲曲感人的奉献之歌。"冯建勋是众多海外石油人舍小家为大家的一个缩影，我们从他身上看到了我们自己的影子，也看到了海外石油事业薪火相传的希望。"中油国际公司很多在海外工作过的员工表达了同样的感受。

另一个亮点是，感动石油人物中首次出现一名外籍员工。他就是阿姆河天然气公司生产经营管理部副经理谢尔达尔。作

企业反响

中油国际公司组织本部部门员工观看中国石油第二届"感动石油人物"颁奖典礼

为阿姆河项目成立后的第一批入职员工，谢尔达尔见证了中国石油在土库曼斯坦业务的发展壮大，也将个人成长与中国石油紧密相连。"海外事业的发展离不开大量外籍员工的加入与付出。中国石油是一个多元文化融合的大家庭，非常高兴看到此次'感动石油人物'评选出现了外籍员工的身影，也希望更多石油人增进对他们的了解，他们也是中国石油大家庭的重要一员。"中油国际公司股东行权部副主任冯兴龙表示。

一生择一事的王德民院士、年近百岁仍热心助人的汪人锋和李冀夫妇……"感动石油人物"颁奖典礼虽然结束了，但他们的事迹和精神将一直指引着广大海外石油员工奋勇前行，谱写海外石油事业新的辉煌篇章。

（崔茉）

## 员工感悟

**中油国际公司企业文化部　关植元**

　　公司统一组织观看了中国石油第二届"感动石油人物"颁奖典礼，我备受鼓舞，深受启发。颁奖典礼上，每一位获奖者的故事都如同璀璨星辰，照亮了石油人的前行之路。从王德民院士的智慧与坚守，到汪人锋、李冀夫妇的温暖与善良；从长庆油田团队的接续奋斗，到海外石油人的家国情怀；从袁婷婷的爱心服务，到郑有录的安全行驶……这些事迹无不彰显了石油人坚韧不拔、勇于担当的精神风貌。这些"感动石油人物"不仅是石油工业的骄傲，更是我们每一个人的榜样。他们用自己的实际行动诠释了责任、担当和奉献的真正含义。他们的故事告诉我们，无论身处何种环境，只要心怀梦想、坚定信念，就一定能够创造出属于自己的辉煌。作为石油人，我们要从这些榜样中汲取力量，坚定信心，勇往直前。我们要以他们为镜，不断审视自己，提升自己的专业素养和道德品质。我们要在自己的岗位上发光发热，为保障国家能源安全、推进石油工业高质量发展贡献自己的力量。

**中油国际公司综合管理部　林可菁**

　　观看完中国石油第二届"感动石油人物"颁奖典礼，我被深深地震撼了。这些获奖者都在平凡的岗位上作出了不平凡的事迹，他们用自己的实际行动践行了石油精神和大庆精神铁人精神，值得我们学习和尊敬。

其中，耄耋之年的王德民院士，65 年来一次次留住了油田的青春，坚定地走在世界采油技术最前沿；汪人锋和李冀夫妇从开满金达莱的山谷到松花江畔，把党性融入生命，把誓言刻进血脉；长庆油田"好汉坡"团队几代人接续，传精神薪火，白昼黑夜，青春坚守，在好汉坡上铸成一座座精神的丰碑……这些事迹让我深受感动。作为一名石油人，我将以他们为榜样，爱党、爱国家、爱石油，努力提升自己的业务能力和综合素质，以更加饱满的热情投入到工作中，为石油事业的发展贡献自己的青春力量。

## 中油国际公司销售采办部　雷乙男

在中国石油第二届"感动石油人物"颁奖典礼上，那些获奖的老中青三代石油人，用他们的青春和热血，为我们谱写了一曲曲动人的石油赞歌。特别是耄耋之年的王德民院士，他坚定地走在世界采油技术的前沿，65 年来一次次留住油田的青春，这种精神让我们深受鼓舞。同时，汪人锋和李冀夫妇的爱党爱国情怀，长庆油田"好汉坡"团队的团结协作，谢尔达尔助力蓝天梦想的决心……这些事迹都让我们感受到了石油人强大的凝聚力和战斗力。他们的奋斗精神和感人事迹深深打动了我。作为石油行业的一分子，我深感自豪与荣幸，并将以他们为榜样，努力工作，为石油行业的发展贡献自己的力量。让我们共同为他们点赞，向他们致敬！

### 中油国际公司企业文化部　孙小玉

礼赞平凡岗位上的追梦人，致敬为石油工业作出贡献的奋斗者。观看了中国石油第二届"感动石油人物"颁奖典礼，我深受感动，备受鼓舞。

观看颁奖典礼，让我们进一步汲取力量，在学思践悟中传承石油精神，作为百万石油员工中的一员，要不断丰富拓展石油精神和大庆精神铁人精神的内涵和外延，坚定信仰、艰苦奋斗、接力奋进、奋发图强，推动我们的石油事业从胜利不断走向胜利。观看典礼，让我们传承优良基因，在奋发有为中凝聚石油力量。作为新时代的石油人，我们要全面贯彻落实集团公司党组决策部署，在集团公司"双碳三新"业务、绿色低碳发展、科技自立自强等方面，坚持真理、实事求是、永不言弃，永远跟党走、永远为油战，积极投身于公司的高质量发展，为保障国家能源安全贡献全部青春。观看典礼，激发我们践行初心，在苦干实干中勇担石油使命。作为石油人，要自立自强，当好能源保供"顶梁柱"，把能源的饭碗牢牢端在手中；我们要增强专业本领，坚决落实党组工作部署，加快建设世界一流企业，为推进中国式现代化贡献石油力量。

企业反响

# 赓续血脉　激扬斗志

/ 大庆油田公司

75载报国路，我为祖国添光彩。2024年9月25日，大庆油田数万名干部员工通过中国石油官网、铁人先锋等平台收听收看第二届"感动石油人物"颁奖典礼，传承精神，铭记事迹。大家纷纷表示，要牢记重大嘱托、当好标杆旗帜、建设百年油田，奋力书写保障国家能源安全、推进中国式现代化的"大庆答卷"。

"看准了国家的需要干一辈子，要在党最需要、祖国最需要的地方，献出我们的一切。"当87岁的王德民走向舞台时，全场爆发出雷鸣般的掌声。

"王德民院士的事迹深深感染了我。他不仅是石油地质领域的杰出科学家，也是科学报国、不懈探索的典范。我将以王德民院士为榜样，不断提升自我，让小革新解决大问题，让小技巧体现大智慧，让小创意创造大效益，以实际行动保障国家能源安全。"大庆油田采油二厂第六作业区采油48队采油班长刘丽说。

颁奖典礼上，一位位石油英雄的感人事迹触动着每个石油人的内心。那些坚守在一线的石油人就像沙漠中的绿洲，给人

感动石油 2024

大庆油田干部员工通过中国石油官网、铁人先锋等平台收听收看第二届"感动石油人物"颁奖典礼

带来希望和力量；那些矢志创新的科技工作者，就像璀璨的星辰，照亮了黑暗的夜晚。

"感动石油人物"是广大科技人员学习的榜样。大庆油田勘探开发研究院采收率研究二室党支部书记孙仁杰说："踏上新征程，我们将以石油精神和大庆精神铁人精神为引领，永葆闯的劲头、创的本领、干的作风，在不断挑战油田采收率极限的道路上砥砺奋进、笃行超越，为推动我国石油工业的发展贡献科技力量。"

感人至深的故事传到了大庆油田井下作业分公司修井一大队修井107队生产现场。不久前，他们成功解决了"无通道井取换套"修井难题。未来，他们将自觉让石油精神和大庆精神铁人精神内化于心、外化于行，坚决履行疑难修井攻关队的神圣职责，打造一支服务油田的"特种部队"。

（王燕妮）

## 员工感悟

**大庆油田采油二厂第六作业区采油 48 队采油班长　刘　丽**

尽管已经过去了一年多时间，但自己获得首届"感动石油人物"时的一幕幕仿佛就在眼前。从今年的"感动石油人物"和"感动石油团队"身上，我看到了新时代的"奋斗者""实干家"，他们的故事充满了信念与梦想、执着与奉献，激励着我们每一名石油人拼搏奋斗、不断前行。

作为新时代石油人，我们有责任和义务把他们身上的优秀品格继续传承和发扬下去，只有立足岗位、创新突破才是我们技能工人岗位建功强有力的落脚点。尤其是在建设百年油田的新征程上，我们更应该正确看待工作中面临的困难和矛盾，求真务实、埋头苦干，创造出经得起检验的业绩，我坚信只有把自己打磨成最好的工具，才能在生产生活和技术革新上更得心应手地工作和学习。

今后，我将会带领班组同事们，继续发挥劳模工匠突击队作用，秉承干就干好的责任本色，带领大家不仅出产品，更要出精品，不断充实技术创新力量，使团队成为工人创新创效的优质服务平台。

**大庆油田采油工艺研究院举升工艺研究室二级工程师、王德民院士团队成员　刘金堂**

王德民院士不仅是一位杰出的科学家，更是一位卓越的领导者和导师，作为王德民院士科研团队的一员，我深感荣幸和自豪。每当我们承担的同井注采项目出现新的问题，王德民院士都会认真聆听每一位团队成员的想法，时而点头赞许，时而眉头微蹙，却极少打断。待众人言尽，他才会缓缓展开他的见解，如同拨云见日，让复杂的问题瞬间变得清晰明了。面对大家的提问，他耐心解答，那份从容与睿智、真诚与谦逊，深深地影响和激励着每一名团队成员。他不仅传授专业知识，更注重培养我们的科研素养和解决问题的能力。在面对困难和挑战时，王德民院士总是以身作则，亲自参与每一项研究工作，鼓励我们迎难而上。在他的指导下，我们学会了抽丝剥茧地分析问题，如何找到解决问题的关键环节，并勇敢地迎接挑战。在未来的工作中，我将继续秉承王德民院士的精神和教诲，以更加昂扬向上的姿态勇挑重担。

## 大庆油田采油一厂第三作业区中四采油队班长　王一伦

当主持人问起 87 岁高龄的王德民院士，为何一毕业就去到艰苦的地方直到今日还坚守在岗位上，王德民院士回答："党和国家培养了我，选定了干石油，我就要干一辈子。"这句话让我深受感动。王德民院士以顽强的毅力和拼搏精神攻克了一个又一个技术难题，用智慧和汗水坚定地走在了世界石油技术前沿，用奋斗书写了石油人能源报国的执着与信念。

王德民院士的脚步，伴随着共和国的成长历程，伴随着大庆油田的建设发展，激励着一代又一代石油工作者矢志兴油报国。作为新时代油田青年，我一定会接好"接力棒"，在为祖国"加油"的道路上，不断拼搏，奋力向前，为石油事业的发展贡献自己的力量。

企业反响

### 大庆油田测试技术服务分公司监测信息解释评价中心主任
### 裴建亚

一个个生动的榜样事迹,一段段震撼心灵的故事,仿若一面面鲜艳的旗帜,在石油的广袤大地上迎风飘扬。这些"感动石油人物"和"感动石油团队"在艰苦的环境中奋发有为,面对恶劣的工作条件和巨大的挑战迎难而上,在平凡的岗位上砥砺前行,用自己的行动诠释着石油人的责任与担当,为我们树立了光辉的榜样。

全力保障国家能源安全,加快建设世界一流企业,是历史赋予我们这一代石油人的重大责任。在新时代新征程中,我将向标杆看齐,学习他们坚韧不拔、挑战自我的精神,扛起做精动态监测的责任使命,继续带领团队在油田数字化转型上产示范区建设中发挥突出作用,打造"网络化采集、智能化解释、一体化应用"的智能测试新业态。同时,把身边的创新人才连接起来,把自我特长辐射出去,为油田进一步制订综合调整方案、挖潜及治理措施贡献测试智慧和力量。

### 大庆油田勘探开发研究院副院长、页岩油研究院副院长
### 张金友

很荣幸能在现场,亲眼见证第二届"感动石油人物"的深情礼赞。作为油田科技工作者,我深深敬佩和感动于王德民院士始终冲在科研第一线的豪情壮志。王德民院士立足生产实际,直面困难挑战,开创"松辽法",打破权威铸就"三次采油"世界奇迹,为大庆油田长期高产稳产提供了强力技术支撑。他用60多年的执着付出,让人深刻感受到他那严谨治学的态度和无

私奉献的精神，谱写了一曲能源报国、科技兴油的英雄赞歌。

科研是一场没有终点的长跑，需要一棒接着一棒跑下去。踏上建设百年油田新征程，我将继续以王德民院士为榜样，牢记重大嘱托、践行初心使命，始终冲在陆相页岩油勘探开发技术攻关第一线，永葆"闯"的劲头、"创"的本领、"干"的作风，以"功成不必在我，功成必定有我"的决胜姿态，奋力谱写大庆油田高质量发展新篇章，为加速实现中国陆相页岩革命贡献全部智慧和力量。

## 大庆油田装备制造集团力神泵业有限公司销售公司经理
## 迟　海

"感动石油人物"及"感动石油团队"在自己的岗位上默默奉献，用点滴努力铸就了伟大的事业，在他们身上，我看到了太多敬业奉献的闪光点，他们就像一盏盏明灯，时刻照亮我们前行的道路，也激励着我们在石油事业的征程上奋发有为。

他们的事迹时刻提醒着我，敬业是做好一切工作的基石。

石油行业的每一个环节都至关重要，只有在平凡中创造不凡，才能实现自己的价值。在日常工作中，在拓展市场、服务用户的过程中，我要学习他们的执着与专注，保持坚定的信念，面对每一次市场和用户的需求，都确保提供最优质的产品和服务，为石油事业贡献出更大的力量，在自己的岗位上发光发热，续写石油人的辉煌篇章。

企业反响

# 在"感动"中汲取前行力量

/ 长庆油田公司

秋光正好,细风微醺。9月的鄂尔多斯盆地上洒满肆意暖阳,处处是大干快上的繁忙景象。25日早上,长庆油田数万名干部员工安排好生产和工作,通过中国石油视频号、铁人先锋、中油V视等网络直播平台收看中国石油第二届"感动石油人物"颁奖典礼盛况,涤荡心灵、激情满怀,汲取石油精神养分,坚定能源报国之志。

感动是一种力量,在会场内外传递。一时间,从机关到基层站队,从生产一线到后勤岗位,从黄土高原到沙漠腹地……一个个感动的瞬间、一句句朴实的话语,深深触动着每一位长庆儿女的心。大家深受鼓舞,纷纷表示"感动石油人物"的故事传递出巨大的正能量,将把这份感动和激励化为前行路上的力量,要如王德民院士所说,不断前进、不断超越,为国家作出更大的贡献。

颁奖典礼上,长庆"好汉坡"团队获得"感动石油人物"这一荣誉。栉风沐雨数十载,几代长庆好汉满怀"我为祖国献石油"的豪情,接续奋斗、忠诚奉献,在磨刀石上闹革命、低渗透中铸丰碑，创建了引领全国特低渗透油田开发的"安塞模式"，孕育了"艰苦创业、勇攀高峰"的"好汉坡"精神，成为石油人的鲜明底色和深厚底气。

感动来自身边，身边人更加感同身受。颁奖典礼当天，好汉坡中心站历任石油工作者齐聚好汉坡脚下，守在电视大屏前。随着一张张熟悉的面孔映入眼帘，全场掌声雷动，大家热泪盈眶。现任站长马剑峰心潮澎湃："作为新时代好汉坡下的建设者，我们将不忘初心、牢记使命，把'艰苦创业，勇攀高峰'的精神代代传承下去，把好汉的故事续写在好汉坡上，在延安为祖国加油争气。"

"在老油田持续稳产的道路上，石油好汉勇攀'科技、管理、效益坡'，以数十年如一日的坚守与奉献，书写着忠诚担当献油

长庆油田好汉坡中心站员工收看中国石油第二届"感动石油人物"颁奖典礼

气的不凡篇章。"第三采气厂作业一区巡检队队长芮学斌一边奔走在广袤沙漠之中进行气区巡护,一边用手机观看直播。"我和同事将以他们为尺,立足岗位争创佳绩,在新征程上接续奋斗。"作为西气东输的主力气源地,采气三厂已连续2年产气量突破90亿立方米。

"安塞油田作为我国最早开发的特低渗透油田,历经40年开发,现在虽然面临着很多挑战,但我相信,有这种精神支撑就一定能够披荆斩棘。"长庆油田勘探开发研究院页岩油研究所党支部书记何右安早早来到办公室,和同事们一起观看颁奖典礼,"作为石油工作者,我们将不断深化页岩油机理研究,强化效益开发技术攻关,坚决完成页岩革命攻坚战目标,为我国页岩油开发贡献科技力量。"

千里油区,感动的力量在接续传递着。好汉坡上育好汉的故事,激励更多石油人起而行之,在感动中续写更多感动石油、撼动心灵的故事,在榜样的光中成为光。

（刘　莹　张天涌）

## 员工感悟

**长庆油田采油一厂采气作业区经理　苏　林**

　　每一名"感动石油人物"都是一面旗帜，令人备受鼓舞。这些先进人物身上几十年如一日爱岗敬业、攻坚克难、责任至上的精神深深感染了我，再一次坚定了奉献石油的信心决心。作为清洁能源的"生产者"，我们将学习这些获奖"感动石油人物"对初心使命的坚守，把石油精神践行到日常实际工作中，在油田高质量发展上扛起责任和担子，不畏艰难，排除万难，在保气保供上奋勇争先，一路向前。

**长庆油田采油一厂王窑作业区党总支书记　拓　伟**

　　有一种感动留存心间，有一种信仰永远流传。在中国石油第二届"感动石油人物"颁奖典礼的直播过程中，我一次次被平凡的事迹感动着，他们为平凡的岗位赋予了不平凡的意义，特别是在台上看到同事们熟悉的面孔时，我们深感自豪。正是有了这群"好汉"的默默奉献与坚守，油田才能一步步发展壮大，我们国家的能源脊梁才能愈加挺立。我将会把榜样的力量内化于心、外化于行，立足岗位、接续奋斗，将青春和智慧奉献在长庆油田这片热土上。

**长庆油田采油一厂地质研究所油藏研究室主任　余琦昌**

　　看到颁奖台上"好汉坡"团队高举奖杯的身影时，我瞬间热泪盈眶。创业前辈们当年人拉肩扛设备，拾级而上的情景又浮现在我的眼前，我自己也曾数次爬上好汉坡，切身感受前辈们奋勇攀上好汉坡坡顶的不易。他们的行动是"艰苦奋斗，勇攀高峰"的好汉坡精神的真实写照。如今，我们建成了智能化和数字化油田，再也不用一步一步手脚并用地攀爬当年的好汉坡了，新征程上，还有人才兴企、科技赋能、管理创新的"好汉坡"，需要我们步履铿锵地再攀高峰，为油田发展贡献力量。

### 长庆油田采油一厂侯市作业区安全员　王　涛

感动如同石油，蕴藏着巨大的能量。每个伟大石油人背后是每个平凡日子的付出，而支撑他们的是能源报国的理想和对工作的无限热忱，更是骨子里铭刻的石油精神的力量，致敬每一位为石油工业作出贡献的奋斗者，致敬每一位在新时代奔跑的追梦人。我会以感动石油人物为榜样，不断学习新的知识，努力提高专业水平，用行动诠释这种在更高处攀更高峰的精神，无论遇到多大的困难，都不退缩、不放弃。

### 长庆油田采油一厂生产保障大队员工　刘　荣

在延安红色摇篮中孕育出的"好汉坡"精神一直象征着长庆采一人"艰苦创业，永攀高峰"的壮志豪情，感召着长庆人勇于担当时代重任，勇于创新拼搏。作为一名基层员工，在12年的焊工生涯里，"好汉坡"精神激励我不断前行，让我有幸成为安塞油田的首届"好汉勋章"获得者。作为一名普通的石油工人，我坚信"干一行、爱一行"，做好本职工作也能发光发亮。我将以他们为榜样，跟随着石油好汉的脚步，脚踏实地、苦干实干，为油田发展贡献自己的力量。

感动石油2024

## 万米之巅　路在脚下

/ 塔里木油田公司

"大漠的孤烟，亘古的荒原，伴着我的信念一往无前。"2024年9月25日上午，万米深井攻坚团队代表在北京参加中国石油第二届"感动石油人物"颁奖典礼的视频画面传到3000公里外

塔里木油田产建事业部组织员工在博孜109井现场收看中国石油第二届"感动石油人物"颁奖典礼

246

的深地塔科 1 井，各方钻井施工人员深感振奋。塔里木油田监督中心钻井总监闵鹏听着这首深情款款的《万米之巅》，悄悄地红了眼眶。

"这首歌，真是唱尽了我们与万米深井的酸甜苦辣，唱到我们心里去了。"闵鹏的声音有些哽咽，脸上却洋溢着自豪，"将深地塔科 1 井打成、打好，是我们的责任和承诺，再艰苦也值得！"

伟大事业孕育伟大精神，伟大精神引领伟大事业。在塔里木油田千里探区，前线后方数以千计的干部员工收看颁奖典礼实况，被每一段讲述、每一个故事深深感动。

当看到万米深井攻坚团队的战友们共同站在舞台上时，正在深地塔科 1 井井场坚守的技术专家和钻井工人们情不自禁地屏住了呼吸。中国石油历经半个多世纪的洗礼，终于实施了万米钻探的伟大工程，向世界展示了中国石油人的风采，每个人都感受到了来自内心深处的自豪和骄傲。

向地球深部进军的每一尺，都有科研人员夜以继日的心血。塔里木勘探开发研究院基础研究部的课题经理杨果紧盯着屏幕，悄悄擦拭眼角溢出的泪水。在他的心中，石油精神和大庆精神铁人精神永远是石油人干事创业的最大动力。伟大的时代，需要榜样精神的指引去实现伟大目标。

"万里长征，只走完了第一步！"在颁奖典礼现场，深地塔科 1 井团队代表、塔里木油田企业首席专家王春生的感言，令西部钻探 120001 钻井队党支部书记王红杰"燃"起斗志："我们将坚守钻井现场，精益求精地为探索深地'长征路'保驾护航。"

（唐　浩　陈士兵）

## 员工感悟

**塔里木油田油气工艺研究院钻井研究部钻井工艺项目组项目副经理　文　亮**

今天我和我们万米深井攻坚团队成员们一起在深地塔科1井钻井现场，集中观看了中国石油第二届"感动石油人物"颁奖典礼视频直播，当看到我们团队荣登舞台领奖，我感到无比激动和自豪，眼中不由得泛起泪花，脑海中回顾着这一路走来的难忘画面，充满艰辛坎坷，实属不易。当然我们也收获满满，井深已突破万米，创下了系列工程纪录。目前，深地塔科1井正向万米更深层迈进，距设计井深11100米还有一段距离，依然面临诸多困难挑战，我们相信在团队成员的齐心协力、艰苦卓绝的努力下，我们将最终成功完成这项重大科探工程，完成作为石油人的一项重要使命。

**塔里木油田勘探事业部井筒技术部钻井工程二级工程师　刘金龙**

看到深地塔科1井团队走上"感动石油人物"颁奖舞台的那一刻，我内心无比激动，480多天的付出让世人看到了中国石油人也能将钻头伸到万米地层。同时，也非常自豪能参与深地塔科1井钻探万米工程，在后续的工作中我将与同事们一起完成每一米的进尺，不辜负上级领导和同行们对我们团队的期望。

## 企业反响

### 塔里木油田监督中心钻井总监　闵　鹏

今天的"感动石油人物"真的感动到我了,我内心十分激动,我们团队所有的付出都是值得的,上级领导和石油同仁对我们的认可,既是鼓励更是鞭策。突破万米后的深地塔科1井将面对越来越多的难题,我身为深地塔科1井团队的一员,更应该用科学化、精细化的钻井理念完成好后续的每一项工作。

### 塔里木油田勘探开发研究院基础研究部课题经理　杨　果

当"感动石油人物"颁奖典礼主持人念到深地塔科1井团队时,我非常激动,作为科研人员,能参与这项万米钻探的工程是我的荣幸。在见证挺进万米过程中,能将自己的所学所见运用到深地塔科1井的地质工程一体化工作中,我无比自豪,在后续1000米的冲刺中我会全力以赴做好科研人员的现场支撑工作。

### 西部钻探巴州分公司安全副总监兼西部钻探120001队党支部书记　王红杰

看到深地塔科1井团队走上"感动石油人物"领奖台的那一刻,我的内心有激动、有骄傲、有自豪,感觉自己在这里受的苦和累都是值得的,在后续的工作中,我将带领好井队的每一名兄弟完成好上级下达的各项任务,为万米深井最后1000米冲刺保驾护航。

**塔里木油田监督中心 2024 届实习生　吾热开始·多力坤**

　　首先，恭喜深地塔科 1 井万米攻坚团队的全体员工荣获第二届"感动石油人物"称号。作为新加入塔里木油田的一分子，在观看颁奖典礼时，我深受震撼。深地塔科 1 井的成功钻探，不仅是技术上的突破，更是石油人精神的体现。通过颁奖典礼，我进一步了解了打造深地塔科 1 井的难度，在地下万米深处高达 210℃的高温和超过地面 1600 倍压力的极端条件下，深地塔科 1 井团队经过不懈的努力攻克了一系列世界性难题。在经过将近两个月的井队实习经历之后，我能深深体会达成这一重大成就的艰辛，了解到了钻井现场的不易，更能体会到团队协作的重要性，以及每一位石油人在关键时刻所展现出的责任感与专业素养。他们打出了中国人的志气、骨气和底气，更激励了我们这一代的新生力量，让我更加坚定地追求卓越，努力学习和成长，希望有一天也能为这个行业贡献自己的力量。这次典礼不仅是一次表彰，更是对新一代塔里木石油人的激励与期盼。

企业反响

# 以榜样之光照亮奋进征程

/ 新疆油田公司

2024年9月25日早上9点整，距离新疆克拉玛依地区的上班时间还有30分钟。新疆油田的上万名职工已整整齐齐地坐在不同地点的会议室、活动室。按照新疆油田党委的统一部署，他们比往常提前40多分钟到达岗位，安排好自己的生产科研工

观看直播过程中，新疆油田干部员工被11位"感动石油人物"和3个"感动石油团队"的事迹深深吸引和感动

作后，于 9 点整准时收看中国石油第二届"感动石油人物"颁奖典礼的直播。

直播开始，大家安安静静地看着大屏幕。9 点 20 分左右，新疆油田实验检测研究院岩石制片师李裕杰登上颁奖台，他当选了中国石油第二届"感动石油人物"，屏幕前的新疆油田职工激动地纷纷鼓掌。

观看直播过程中，新疆油田的职工被 11 位"感动石油人物"和 3 个"感动石油团队"的事迹深深吸引和感动。员工们纷纷表示，感受到了作为一名中国石油人的自豪感和荣誉感，尤其是李裕杰的感人事迹，让每一个在平凡岗位上辛勤耕耘的人都心潮澎湃，因为这份荣誉是对李裕杰的肯定，更是激励新疆油田广大干部职工奋力前行的精神力量。

9 月 26 日下午，李裕杰从北京回到了克拉玛依。按照新疆油田党委宣传部的安排，实验检测研究院为他举行了欢迎仪式。许多职工慕名前来，自发加入欢迎队伍，热烈欢迎第二届"感动石油人物"李裕杰载誉归来。当李裕杰走到欢迎队伍中，现场人群送上了鲜花和热烈的掌声："欢迎回家，你是我们的骄傲！"新疆油田实验检测研究院副院长宫兆波代表新疆油田职工向李裕杰送上鲜花，由衷地表达了对他的敬意和祝福："李裕杰师傅用 35 年的坚守和奉献铸就了今天的荣誉，他是我们身边劳动工匠的杰出代表。希望我们都能以李裕杰师傅为榜样，在今后的工作中脚踏实地、立足岗位，用自己的实际行动为建设基业长青的世界一流综合性能源公司、为端牢能源饭碗作出贡献。"

李裕杰向大家一一表达谢意。他说，很荣幸获得了这份荣誉，因为这是对他 35 年爱岗敬业工作态度和工作成绩的极大认可，也很感谢新疆油田为他创造了很好的工作平台，感谢脚下准噶尔盆地这片满藏油气的热土，让他能在岩石制片这个岗位上深钻细研、大放异彩。他表示，虽然自己即将退休，但一定会站好最后一班岗，踏实做好传帮带工作，将自己的全部工作经验毫无保留地传授给徒弟，将"感动石油人物"的正能量传递给更多人。

榜样如炬，照亮前程。"感动石油人物"的正能量在新疆油田迅速传递开来。

（马　聪）

## 员工感悟

**新疆油田实验检测研究院地质实验中心员工　郭　辉**

我的师傅李裕杰是第一组登上颁奖台的，像我们这样平凡的基层工作者，能获得如此殊荣，我感觉深受鼓舞。我要以师傅为榜样，用心打磨好每一块石头，用心雕琢好工作中的每一件小事，为油田"增油添气"贡献自己的力量。

**新疆油田实验检测研究院地质实验中心新员工　曹旭阳**

我在刚参加工作不久，就通过观看"感动石油人物"颁奖典礼接受了一场石油精神的洗礼。我被"感动石油人物"的故事深深打动，他们是那样的可爱、可敬。自己作为刚入职的新员工，应该接过前辈们的"接力棒"，承担起新一代石油人的责任，为端牢能源饭碗挥洒青春热血！

### 新疆油田数智技术公司物联网中心员工　宁晓丽

"感动石油人物"的故事，是石油精神的生动写照，是对"我为祖国献石油"这一崇高理想的最好诠释。他们将激励我在未来的生活和工作中更加努力地提升自己，以更加饱满的热情和更加坚定的信念投入到各项工作中去。

### 新疆油田重油开发公司供汽一联合站员工　伊文燕

颁奖典礼上一个个难忘的故事、一张张动人的照片、一段段精彩的视频，让收看直播的员工们无不动容。石油精神是流淌在每一名石油人心中的血液，作为新一代的石油人，我们更应该将石油精神传承下去，努力追求生产上精耕细作、经营上精打细算、管理上的精雕细刻和技术上的精益求精，更好地为油田高质量发展贡献自己的力量。

### 新疆油田风城作业区一号供汽联合站注气工　李嘉伟

我为爸爸（李裕杰）感到骄傲。以前只知道爸爸在实验院磨石头，现在才知道他35年做了这么多事。他从来没有向我夸耀过自己的工作成绩，只告诉过我，要认真对待工作中的每一件小事。我的爷爷是在新疆油田当了一辈子司机，我的爸爸在新疆油田磨了一辈子的石头，我现在是新疆油田的一名注气工。我们三代人都是踏踏实实的，当司机的把车开好，磨石头的把石头磨好，我作为注气工更要把气注好，为油田上产尽自己最大的努力，像爸爸那样活出自己的价值。我坚信，我们一代代新疆石油人，安下心，扎下根，不出油，不死心，新疆油田一定会越来越好，中国石油也一定会基业长青！

企业反响

# 点亮精神明灯　照亮前进方向

/ 东北销售公司

2024年9月25日，集团公司第二届"感动石油人物"颁奖典礼如约举行。东北销售广大干部员工通过中国石油报、东北销售微信视频号等直播平台观看"感动石油人物"颁奖典礼，共同见证这一荣耀时刻。

东北销售以多种形式为此次颁奖典礼提前预热。7月30日，东北销售召开"感动东北销售人物"颁奖典礼，为集团公司此次颁奖典礼预热。此次直播，东北销售精心安排，通过集中观看和回放相结合的方式确保每一位员工都有机会观看颁奖典礼。各单位在办公区域设置集中观看点，大屏幕播放着一个个感人至深的故事，员工们围坐在一起，沉浸在"感动石油人物"带来的震撼与激励之中，大家听得认真、记得仔细，不少人眼中闪烁着泪光。

观看结束后，员工们热烈地交流着自己的感受。一位年轻员工激动地说："这些人物让我看到了石油人的坚守与奉献，他们是我前进道路上的明灯。我要向他们学习，在自己的岗位上努力拼搏，为公司的发展贡献自己的力量。"老员工们也纷纷表示，"感

感动石油 2024

动石油人物"的事迹让他们回忆起自己多年来在石油行业的奋斗历程，同时，也更加坚定继续为石油事业发光发热的决心。

此次组织观看"感动石油人物"颁奖典礼，在东北销售产生了深远的影响。它不仅激发了员工们的工作热情和创造力，也让大家深刻认识到自己肩负的责任与使命。在"感动石油人物"的激励下，东北销售全体员工将以更加饱满的精神状态投入工作中，不断提升业务水平，优化服务质量，转观念、强作风、优服务、创一流，按照"十个聚焦、十个一流"工作部署，砥砺前行，为保障国家能源安全、推动公司争创世界一流示范企业贡献自己的智慧和力量。

（王冬雪）

东北销售南京分公司三江口油库干部员工集体观看中国石油第二届"感动石油人物"颁奖典礼

## 员工感悟

**东北销售吉林分公司　徐艳玲**

观看了感动石油人物的事迹，内心深受触动。他们在平凡的岗位上，创造出了不平凡的业绩，用自己的行动诠释着石油人的责任与担当。他们的故事让我深刻认识到，石油行业的发展离不开每一位石油人的努力和付出，他们的敬业精神、奉献精神和创新精神，值得我们每一个人学习。在今后的工作和生活中，我将以这些感动石油人物为榜样，努力做好自己的本职工作，不断追求进步，为实现自己的人生价值和为社会作出更大的贡献而努力奋斗。

**东北销售大庆分公司　初晓明**

中国石油以独特的方式庆祝新中国成立75周年，评选出了11位感动石油人物和3个感动石油团队。他们是新材料战场上的"POE团队"，他们是永葆本色的石油伉俪，他们是基层场站的"暖心人"……他们有一个共同的名字——石油人，他们有着共同的品格——爱国、创业、求实、奉献，他们身上凝聚着榜样的力量，他们是时代的楷模！他们抓住时代的机遇，敢于破冰，勇挑重担，他们是中国石油员工的杰出代表，是中国石油蓬勃发展的基石。

### 东北销售大庆分公司　郑秋佳

观看了感动石油人物的事迹，我深受触动。这些石油英雄们有的坚守在恶劣自然环境和巨大工作压力的基层一线，有的奋斗在创新科研最前沿，为了国家的能源事业，他们默默奉献，无怨无悔。他们不仅展现了高超的专业技能，更体现了坚定的信念与无私的奉献精神。每一位石油人的故事都让我肃然起敬，他们用自己的汗水与智慧，为国家石油事业贡献力量，彰显了责任与担当。这些石油人的事迹，激励我在未来的生活和工作中更加努力，我将以他们为榜样，不断学习，不断进步，为祖国的繁荣富强贡献自己的一份力量。

### 东北销售辽宁区域分公司　王雪萌

石油荣光，凡人微光，传承精神，追光持续。第二届"感动石油人物"的事迹，如宝石花一般熠熠生辉，伟大出自平凡，英雄来自人民，他们身许石油，躬耕荒原，他们淬炼工匠魂，断指心愈坚，他们一条能源天路，长长车辙印，在世界屋脊写下石油人奋斗诗篇。他们在平凡岗位上创造不平凡的业绩，带给我不仅是感动，更给予我前进的力量。大道至简，实干为要，扎根本职，专心致志，作为千万石油人的一员，沉下心来干工作，心无旁骛钻业务，将"干一行、爱一行、精一行"刻在心里，心怀"沧海横流立潮头，劈波斩浪谱新篇"的信念，助力公司实现高质量发展。

### 东北销售哈尔滨分公司油品监督检测中心　张　宓

平凡铸就"不凡",感动凝聚力量。新中国成立75周年之际,第二届"感动石油人物"颁奖典礼圆满举行,石油人以故事为墨,绘就了一幅幅关于信念与梦想、坚韧与执着、激情与奉献的壮丽画卷,让我对"中国石油"这一品牌背后的人文精神有了更加深刻而全面的理解。榜样是旗帜,代表着方向,激励着我们在新时代新征程上砥砺前行,让我们汲取力量、携手共进,为实现中华民族伟大复兴的中国梦、为建设世界一流企业而努力奋斗!

### 东北销售山东分公司（鲁津冀区域分公司）　杨　雪

一个好人就是一枚火种,一个典型就是一面旗帜,一个模范就是一座丰碑。用心聆听"感动石油人物"故事,就会深切感悟到他们的心中"无我"始终把"爱企"放在首位,他们的坚守"执着"始终把"大爱"奉献其中,他们的付诸"实干"始终让"担当"鲜明张扬。感动不只是一次刹那间心灵的温暖,更需要我们以他们为榜样,付诸实践、付诸行动。高山仰止,景行行止;虽不能至,心向往之。让我们每一个人都汲取"感动石油人物"的力量,在追光中踔厉奋发,在岗位上埋头苦干,在工作中真情奉献,让每一份感动的力量,汇小流成江海,奏响推动企业高质量发展最嘹亮的奋斗乐章。

感动石油 2024

## 旗帜无声　力量无穷

/ 吉林石化公司

2024年9月25日，在"中国石油纪念日"这个特殊的日子里，中国石油第二届"感动石油人物"颁奖典礼如期而至，吉林石化广大干部员工通过多种方式收听收看，引起强烈反响。特别是吉林石化推荐人选连续两届获评"感动石油人物"，更是一石激起千层浪，掀起一波崇尚典型、学习典型、争当典型的热潮。

炼油厂把收听收看第二届"感动石油人物"颁奖典礼作为统一思想、凝聚力量的载体，集中观看和自行观看相结合，为正在进行的大检修和转型升级项目建设再鼓士气、再添干劲。电仪中心（检测中心）700余名干部员工利用检修空闲时间、在家休班时间收听收看颁奖典礼，纷纷为"感动石油人物"点赞，表示要在大检修和项目建设中，精心施工、精准操作、精细运维，努力到感动自己。电石厂利用颁奖典礼的契机，对员工进行石油精神和大庆精神铁人精神再学习再教育，引发了情感上的强烈共鸣，大家表示，石油精神和大庆精神铁人精神是攻坚克难、夺取胜利的宝贵财富，什么时候都不能丢，要接过他们手中的接力棒，自觉做石油精神和大庆精神铁人精神的传承者、践行者。

## 企业反响

离退休管理中心将颁奖典型的收看方式在离退休人员的微信群中发布，离退休员工纷纷为汪人锋和李冀点赞。有退休老员工笑着说："咱也跟上了信息时代新风尚！"退休员工夏春雨没等颁奖典礼结束，就迫不及待地在微信群里分享了体会和感受："我深受感动，备受鼓舞。特别是汪人锋和李冀两位老人获得殊荣，体现了中国石油对离退休员工的重视。我们虽然离开了工作岗位，但组织上没有忘记我们，让我备受鼓舞！作为一名退休的老职工，我要向'感动石油人物'学习、致敬，以汪人锋、李冀为榜样，心系家国，老骥伏枥，振奋精神，抒写'夕阳红'的壮美画卷！"

吉林石化以此为契机，将第二届"感动石油人物"推荐宣传活动与2024年"四种精神在我手中"主题实践活动相结合，于国庆前夕，吉林石化公司党委书记、执行董事金彦江到汪人锋

吉林石化干部员工通过多种方式收听收看中国石油第二届"感动石油人物"颁奖典礼

和李冀家中看望，送去中国石油第二届"感动石油人物"奖杯和证书，同时将中国石油领导的祝愿和祝福带给二老；评选出2024年吉化"四种精神"红旗手8名，持续壮大传承弘扬石油精神和大庆精神铁人精神的吉化"英雄谱"；运用"美丽吉化"微信公众平台、《吉化报》、"融媒小韩"视频号等全媒体宣传"感动石油人物"和"四种精神"红旗手事迹，营造起"崇尚典型、学习典型、争当典型"的浓厚氛围；石油精神和大庆精神铁人精神以及吉化"四种精神"融入大检修实践，全面打赢2024年大检修攻坚战。

动力厂、乙烯厂、合成树脂厂、化肥厂、丙烯腈厂、建修公司、吉化（揭阳）分公司等单位，结合实际开展反思讨论，对标典型找差距，提高认识转作风。动力厂党委副书记张鹏在反思讨论时说道："行动是最深的感动，实干是最好的传承。'感动石油人物'用实际行动诠释了一名石油人的责任与担当，他们的事迹犹如火炬一般，辉映着石油精神和大庆精神铁人精神，照亮了百万石油人加快建设世界一流企业的新征程。我们要以榜样之光映照初心，向榜样学习，在岗位上发光发热，用奉献与奋斗书写能源报国的新篇章！"

（李玲月）

企业反响

## 员工感悟

**吉林石化公司合成树脂厂新材料一级工程师　宋振彪**

科学技术是第一生产力。从王德民院士身上，我深深感受到，企业的发展依靠科学技术，没有强大的科技开发能力，尤其是基础技术的支撑，无法实现高质量发展目标。同时，科技开发离不开企业这片沃土，没有企业进行成果转化，科技不能创造效益。所以，科技工作者既要专研科技，又要紧密结合生产，广学博览、厚积薄发。中国石油的科技工作者要以王德民院士为榜样，敢为人先，忘我奉献，不畏艰难，合力攻坚，把自己的才华奉献给国家高质量发展的伟大事业中，推动企业科技进步，从中实现自身的价值。

**吉林石化公司建修公司东部检修车间维修九班班长　崔　岩**

看到第二届"感动石油人物"颁奖典礼上锦西石化车工王尚典同志的视频后，让我深有感触。我是钳工，深知断指对于我们钳工和车工来说，意味着什么。他没有被残酷的现实击倒，而是选择了振作与坚强，最终成为一名大工匠。他的事迹、他的毅力、他的品格，都让我由衷敬佩，让我内心感受到了力量。在今后的工作中，我一定会踏下心来，不断提升自己的技能水平，带领团队解决技术瓶颈，提高检修质量，为中国石油建设基业长青的世界一流综合性能源公司贡献自己的力量。

## 吉林石化公司化肥厂合成氨车间化工二班值班长　王　巍

第二届"感动石油人物"颁奖典礼上展现的都是平凡的石油人在平凡的岗位上作出的不平凡的业绩，真人真故事，让人敬佩和感动。"感动石油人物"推荐宣传活动，是对那些在日常工作中默默奉献、勇于创新的石油员工的一种认可和鼓励，激励着广大石油员工以更加饱满的热情投入到祖国的石油化工事业中，不断提升自我，持续建功立业。作为一名石油员工，我一定牢记使命，立足本职岗位，为中国石油高质量发展作出自己应有的贡献。

## 吉化（揭阳）分公司生产管理部（安全环保部）ABS 树脂组副组长　赵尚哲

在观看第二届"感动石油人物"颁奖典礼直播的过程中，我被石油人"爱国、创业、求实、奉献"的精神深深感动。"没有条件创造条件也要上"是石油人的精神特质，目前吉化揭阳 ABS 装置运行还有一些生产瓶颈，需要不断进行攻关，我将和自己的团队一起，以"感动石油人物"为榜样，深入对标先进技术，不断进行生产工艺优化，克服各种生产难题，为建设世界最先进 ABS 装置贡献力量。

## 吉林石化公司乙烯厂第一乙烯联合车间工艺技术人员　冯　飞

每一位被评选为"感动石油人物"的石油人，都以他们非凡的毅力、无私的奉献和卓越的成就，深深地震撼了我。没有对比，不知差距。对标"感动石油人物"，我觉得自己还存在很多不足。在今后的工作中，我将以"感动石油人物"为榜样，立足本职岗位，传承弘扬石油精神和大庆精神铁人精神，不断提升自身的专业能力，为接下来大检修后装置的顺利开车贡献力量。

## 吉林石化公司丙烯腈厂第一丙烯腈车间化工四班值班长
## 王　磊

第二届"感动石油人物"颁奖典礼让我心潮澎湃，每一位先进人物的事迹都令我印象深刻，特别是汪人锋和李冀两位老人的事迹，更是让我深受触动。两位老人终身坚守初心，一世许一诺，一诺守一生，他们坚定的理想信念，他们高尚的精神世界，令人动容。作为一名石油人，我要以他们为榜样，老老实实做人、踏踏实实做事，全身心投入到工作中，带领班组高质量完成各项工作任务，以实际行动向"感动石油人物"致敬。

# 感动石油　温暖你我

/ 锦西石化公司

2024年9月25日，在"中国石油纪念日"这个特殊的日子，集团公司举办第二届"感动石油人物"颁奖典礼。锦西石化公司维运中心车工王尚典当选第二届"感动石油人物"。

25日当天，锦西石化公司党委组织机关、各二级单位党组织及广大党员干部，通过中国石油视频号、中油V视直播间等线上平台全程收看了直播盛况。大家纷纷表示，"感动石油人物"推荐宣传活动，是一个让大家体味感动、温暖人心、培植精神、播撒希望的好活动。自6月起，通过参与单位推选、观看集团公司全媒体平台人物事迹展播、进行网络投票，到最终见证"感动石油人物"颁奖典礼，一位位有血有肉、可信可学、可追可及的身边榜样，带来了无限感动与震撼，让大家真切感受到了"我当个石油工人多荣耀"。员工纷纷表示，将以"感动石油人物"为榜样，始终秉持"我为祖国献石油"的信念，立足岗位，弘扬石油精神和大庆精神铁人精神，勇担保障国家能源安全的责任使命，以更加坚定的步伐、昂扬的斗志，在新时代共同努力奋斗，谱写高质量发展的出彩篇章。

## 企业反响

在颁奖现场，感动石油组委会给予王尚典的颁奖词是："技校走出的石油名匠，打不倒压不垮的车工状元，认真二十余载，较真毫厘间。精湛技艺，淬炼工匠之魂；钢铁意志，书写勇者奇迹；断指心愈坚，你是长着铁骨头的石油人！"

榜样的力量感人肺腑、动人心弦，榜样的精神指引人生、光照未来。全国劳动模范、公司安全副总监杨振巍在观看完颁奖典礼直播后表示："干一行爱一行，不务虚功、开拓奋进，我们要把学习榜样落实到具体工作中，牢固树立主人翁的责任感和使命感，用实干实绩展现新时代石油人的风采，共同打造中国石油品牌。"

感动是一粒种子，播撒着沁润人心的温暖，传递着鼓舞向前的力量。锦西石化公司全体干部员工将坚持以习近平新时代中国特色社会主义思想为指导，切实增强"四个意识"、坚定"四个自信"、做到"两个维护"，大力传承石油精神、弘扬石化传统，以强烈的奉献精神和奋进姿态为集团公司建设基业长青世界一流综合性国际能源公司作出更大贡献。

（孔　悦）

锦西石化公司营销调运部干部员工在视频会议室观看中国石油第二届"感动石油人物"颁奖典礼直播

## 员工感悟

**锦西石化公司维运中心党总支书记　庄凤冬**

　　石油人的故事，让我们看到了石油人的坚韧与担当。他们用实际行动诠释了"我为祖国献石油"的豪迈誓言，他们是新时代的楷模，是全体石油员工学习的榜样。榜样精神将激励我们在各自的岗位上努力拼搏，为实现中华民族伟大复兴的中国梦而努力奋斗。

**锦西石化公司维运中心钳工联合六组组长　齐　明**

　　王尚典的当选，不仅是对他个人的表彰，更是对我们锦西石化维运团队的激励。我们要以他为榜样，立足本职工作，为企业发展贡献自己的力量。

**锦西石化公司计划经营部计划统计组副组长　孙　阳**

　　人生而平凡，却可以成而不凡。第二届"感动石油人物"在平凡的岗位上展现了不平凡的业绩，展现了新时期的"铁人精神"，值得我们每名石油人学习。在未来的工作中，我们更要牢记初心使命，不断学习、踏实奋进、不负韶华、不负时代。

**锦西石化公司炼油联合五部班长　张立群**

　　我要向榜样学习，学习他在逆境中坚韧不拔、锲而不舍的意志，学习他在工作中精益求精、砥砺前行的匠心，学习他在公益路上奉献爱心、默默无闻的坚守，学习他在创新工作中敢为人先、勇毅前行的勇气，带领班组员工和工作室成员立足岗位、脚踏实地，以"我为祖国献石油"的豪情，以舍我其谁的担当，坚守初心，努力工作，不断提升自己的业务能力，创出新业绩、续写新荣光。

**锦西石化公司党群工作部主任　梅雪莲**

我们学习王尚典，就是要学习他敢于面对困难，勇于迎接挑战，百折不挠，永远追求卓越的精神。有了这种精神，无论在工作还是生活中，我们都能克服各种艰难险阻。

# 向光而行　照亮征程

/ 上海销售公司

2024年9月25日，中国石油第二届"感动石油人物"的颁奖典礼如约而至，当身着蓝色工装的袁婷婷踏上颁奖台的那一刻，嘉定第四加油站的党员活动室内瞬间被雷鸣般的掌声填满。在这里，嘉定党支部的全体党员、站经理、部分员工共同见证了袁婷婷如何用25载春秋，以青春和热血书写实现"中国梦"的历程，不少人的眼眶中闪烁着感动的泪光。

为充分发挥先进典型的示范引领作用，上海销售公司精心组织直播集中收看，安排本部主会场和3个分会场，分片区组织就近收看。提前将直播二维码分发到各基层党支部和加油站，共680多名员工收看了直播，不仅拉近了先进典型与基层员工的距离，更激发了大家的学习、工作热情，在本部与基层员工中激发了深刻的情感共鸣。

2.5小时聚精会神、全神贯注。在主会场收看直播的沪东分公司干部员工代表纷纷表示，11位感动石油人物、3个感动石油团队，既有石油人排除万难，屡破世界首次，又有凡人微光，温暖在路上的每一个人，他们不仅是石油行业的英雄，更是社会的楷模,我们要把这份感动转化为行动,在岗位上更好地弘扬石油精神和大庆精神铁人精神。

在沪西分公司本部,员工代表深受触动,感慨道,看完袁婷婷的感人事迹,更加深刻地认识到自身工作的重要性和肩负的责任,使命感更强了,激励着我们在各自岗位上发光发热,传承石油精神,践行大庆精神铁人精神。

而在嘉定第四加油站,袁婷婷的事迹激励着每一位员工,让他们看到即使在最平凡的岗位上也能创造出不凡的业绩,大家的工作热情和执行力被持续激发。员工李华在观看颁奖典礼时泪眼婆娑,直言袁婷婷站长不仅是她的领导,更是她心中的榜样:"袁站长的每一份关怀,都如同灯塔照亮我前行的路,我要向她学习,成为有爱、有力量的人。"

与此同时,刚刚荣获中央企业劳动模范称号的苏国明经理,在繁忙的加油站工作中抽出宝贵时间,与同事们一同通过手机观看了颁奖典礼。他深情地说:"作为一线石油人,我要以她为

上海销售振兴加油站员工自发观看中国石油第二届"感动石油人物"颁奖典礼直播

镜，将加油站打造成为服务社区、温暖民心的爱心港湾，为国家的能源安全和企业的繁荣发展贡献力量。"

"感动石油人物"不光在思想上为员工们提供了强大的精神动力，更在实际工作中持续产生激励和带动作用，促进企业与员工的共同成长与发展。

（庞若煜）

## 员工感悟

### 上海销售沪北分公司闸北第一加油站经理　严慧裕

袁婷婷始终坚守岗位，把加油站的小窗口打造成"城市会客厅"、社区好邻居、民生后勤站和城市劳动者爱心驿站，这种用心和创新的精神值得我认真学习。我将以袁婷婷为标杆，努力践行"三心"服务，为顾客提供更加优质的服务，将闸北第一站打造成"五优"服务窗口。

### 上海销售中油康桥公司办公室　刘　善

收看了第二届"感动石油人物"颁奖典礼，我激动的心情久久不能平复。他们是石油人的标杆，激励着我们在工作上勇攀高峰、追求卓越。特别是身边同事袁婷婷能获此殊荣，更是让我感觉到敬佩又亲切。"世上无小事，只怕有心人"，袁婷婷扎根加油站一线25年，以真心实意的服务，诠释了平凡而伟大的奋斗，值得我们致以最崇高的敬意和最深情的礼赞。

### 上海销售沪西分公司新入职员工　张雅婷

随着"感动石油人物"颁奖音乐缓缓响起，袁婷婷的事迹视频开始播放，看到她对员工无微不至的关心关爱，尽自己所能帮助站里的同事和每一位到站的顾客，她好像有用不完的力气，总是想为他人再做点什么，我的眼眶湿润了。她的担当和奉献，似一盏明灯照亮我们新一代青年的方向，用石油"蓝玫瑰"的芳香感染着新一代石油青年，让我们有楷模学习、有精神传承，我为加入中国石油这个优秀的大家庭而感到骄傲。

### 上海销售沪南分公司团委副书记　曹慧敏

观看第二届中国石油"感动石油人物"颁奖典礼，我深受触动。"温室里长不出参天大树"，作为时代青年，作为一名共青团干部，我将不断适应新形势下业务发展需要，经风雨、壮筋骨，始终不渝坚持把团结引领青年跟党走作为根本任务。坚持以"沉浸体验＋深度参与"思路为突破口，推动传统枯燥、形式单一的"青年教育"活动向多元化、多载体转变。把青年的工作融入公司发展战略中，不断激发青年干事创业的精气神，生成推动公司高质量发展的青春合力。

### 上海销售沪北分公司 上中加油站经理　洪　赫

9月25日上午，通过直播，我们观看了第二届"感动石油人物"颁奖典礼，聆听着一位位石油人的感动事迹，内心被深深地震撼。无论是在技术一线深耕的大国工匠，还是和我们一样在加油站岗位坚守的党的二十大代表袁婷婷，他们都有一个特点：干一行爱一行，全心投入一行，默默付出不求回报，践行石油精神。他们不仅是石油行业的英雄，更是社会的楷模。作为石油行业的一员，我们更应该将这份感动转化为行动，从榜样的身上汲取力量，在面对一流企业建设道路上的新形势新任务新要求，以"担当作为"坚定开启"第三次创业"的新征程，在岗位上建功立业，为公司高质量发展也贡献自己的一份力量。

## 平凡岗位　不凡经历

/ 昆仑物流公司

进入9月，油田吹响上产的号角，物资拉运任务急剧增加。25日上午，昆仑物流安排好生产和工作后，组织4200余名干部员工通过视频连线、直播平台等方式观看了第二届"感动石油人物"颁奖典礼。

在当天的颁奖典礼上，"感动石油人物"的事迹震撼着广大干部员工的心。他们纷纷表示，要以"感动石油人物"为榜样，以更优异的工作业绩为企业高质量发展作出新的更大贡献。

在塔里木山前大北13-2井，塔运司12台运输车正执行大北13-2井至阿图104井的搬迁任务。干部员工观看直播后纷纷表示，他们被郑有录事迹深深鼓舞着。他们将以先进为榜样，立足本职，担当作为，努力在平凡的岗位上作出不平凡的业绩。大家一致表示，要守好自己的岗、尽好自己的责，在自己的岗位上发光发热。当前正值油田公司油气上产关键时期，要克服困难提高生产转运效率，全力保障油田公司增储上产，坚决完成各项生产任务。

当看到身边的同事郑有录上台领奖时，青海分公司员工激

企业反响

昆仑物流教培中心员工观看第二届"感动石油人物"颁奖典礼后,被郑有录的事迹深深打动

动而自豪,纷纷为他欢呼喝彩。收看颁奖典礼后,青海分公司 LNG 配送中心气罐车驾驶员赵得庆的心情久久不能平静,他说:"我为有这样的战友而感动自豪。我们和老郑都坚守在最平凡的一线,气罐车是我们的家,高原缺氧是我们的日常。这十多年坚持下来虽然很苦,但作为石油人,能为藏区人民送温暖、送'福气',我感到骄傲!冬季保供即将开始,我要继续加油干,保证每一车气都安全送达。"

"感动石油人物"的每一个人都以不忘初心、爱岗敬业、砥砺前行精神感动着我们,带给我们不惧困难、勇往直前的力量。青海分公司 LNG 配送中心党支部副书记黄新营通过新闻得知郑有录的先进事迹后表示:"我为拥有这样的好同事感到骄傲。这是对郑有录最好的褒奖,更是对我们的激励和鞭策。"

(孟建红　贺丽娅)

## 员工感悟

**昆仑物流青海分公司 LNG 配送中心党支部副书记　黄新营**

"感动石油人物"的每一个人都有着感人的典型事迹，他们以爱岗敬业、坚守奉献、困境突围的精神感动着我们，带给我们不惧困难、勇往直前的力量。郑有录被表彰为"感动石油人物"，令人鼓舞，我为拥有这样的好同事感到骄傲和自豪。这是对郑有录最好的褒奖，更是对我们的激励和鞭策。

**昆仑物流塔运司驾驶员　张红海**

当前我正在执行塔里木山前大北 13-2 井至阿图 104 井搬迁任务，郑有录的事迹令我深受鼓舞。我将以先进为榜样，立足本职，担当作为，努力在平凡的岗位上作出不平凡的业绩。我们每一个人都要守好自己的岗、尽好自己的责，要在自己的岗位上发光发热。当前正值油田公司油气上产关键时期，我们要克服困难提高生产转运效率，全力保障油田公司增储上产，坚决完成各项生产任务。

**昆仑物流西藏分公司宣传员　张　蓓**

直播中一段段动人的故事，让我深受触动、热泪盈眶。颁奖仪式上，在青藏线上跑车 12 年的郑有录师傅一番质朴的发言，让我的眼泪终于夺眶而出。我想在海拔 4000 米的雪域高原说："我一定挖掘更多更好更动人的故事，让好故事激励广大员工干事创业，让'宝石花'在青藏高原永放光彩！"

### 昆仑物流新疆油田运输分公司新能源事业部党支部书记 汤军涛

当前正值公司加快推进转型升级的关键阶段，我们将深入学习贯彻党的二十届三中全会精神，并将学习成果转化为履职尽责的强大动力，向"感动石油人物"看齐，扎实做好四季度各项工作，提高生产质量，为冲刺全年任务再创佳绩。

### 昆仑物流广东分公司青年员工 刘海震

作为石油人，观看直播后，我更加坚定了接力实践和传承石油精神的信心，我们要向这些榜样看齐，学习他们不畏艰险、战天斗地的精神，在岗位上有作为、立新功。

# 创作回顾 2024

# 仰望与平视

/ 孟庆璐

早上，因为要参加第二届"感动石油人物"颁奖典礼，一向忙碌的郑有录也放下了平时开车时的严肃表情，拉着妻子的手走进了颁奖驻地餐厅。在餐厅吃饭的我，看到了这样难得的温馨场面。

他俩是昨天到北京的。郑有录，一位普通的LNG运输车司机，"感动石油人物"获得者。此刻，老郑的妻子，一个普普通通的女人，终于可以暂时放下那份对丈夫出车安全的担忧，两人边吃边聊，脸上都洋溢着幸福的笑容，夫妻俩有了一段短暂而愉快的难得时光。颁奖现场，主持人说："老郑，夸夸你媳妇！"老郑木讷地回，"我不会夸人"，台下观众一片笑声。

老郑不善言辞，但他的故事却让人动容。他就像雪域高原上坚韧的格桑花，无论严寒酷暑，始终坚守在运输线上，确保每一方天然气都能安全送达千家万户。老郑的故事让大家流下了泪水，他用自己的实际行动书写着不平凡的人生篇章。

每次参加"感动石油人物"活动，都是一次心灵之旅，更是一次关于平凡与伟大的深刻对话。每一位感动石油人物的故事,都如同一盏明灯,照亮和温暖着现场每一位观众以及我们这些参与前期策划、活动组织的每一个工作人员。

王尚典,被誉为"断指铁人"。在一次意外中,王尚典失去了一根手指,这对于一名车工而言几乎是致命的打击。然而,他并没有因此消沉,反而激发出更强的斗志。通过不懈的努力,王尚典不仅恢复了工作能力,还成了全国车工比武状元。"感动石油人物"颁奖台上,王尚典阳光自信,骄傲地竖起大拇指说,咱们石油工人都是铁骨头。

尽管每天忙碌在车床旁,但因为前期对接工作,王尚典与我逐渐熟悉起来。我在他的微信上,看到了"材料"以外,不一样的人物形象。参加全国青联会议,积极投身公益活动,为中学生作报告,鼓励年轻一代勇敢追梦——王尚典成为一个"立体"的阳光勇士,他用自己的成长故事告诉每个人,逆境并不可怕,关键在于是否拥有战胜困难的勇气和毅力。

王德民,被称为最帅院士,是这次感动石油人物最重量级的嘉宾之一。作为石油行业的泰斗,87岁的王德民依然保持着严谨认真的态度,提前到现场进行彩排,每一个细节都不放过。老院士也成为项目组成员们"追星"的重点,一张院士和大家的合影,让每个人都羡慕不已。前期去大庆采访老院士的摄影团队回来说,在拍摄过程中,老院士的一言一行都充满了对石油事业的热爱和对未来的憧憬。他希望依靠科技开发出更多的石油资源,让大庆的夜晚更加明亮,也希望更多年轻人能留在大庆,为国家的发展贡献自己的力量,每谈及此,老院士的眼中饱含泪水。科学家的责任感和使命感,是无数科研工作者的榜样。

今年的"感动石油人物"活动已经降下帷幕，回忆参加这个项目过程中的经历，我不禁思考起了"仰望"与"平视"的关系。在我们的人生旅途中，总有一些人和事让我们心生敬仰，仿佛高高在上，令人仰望。然而，当我们深入了解这些人物背后的故事，会发现他们同样面临着各种挑战和困难，只是他们选择了不同的应对方式。老郑的坚持、王尚典的勇气、王德民的责任感，这些品质并不是遥不可及的，只要我们愿意付出努力，同样可以在自己的岗位上发光发热。

在"感动石油人物"颁奖活动现场，无论是郑有录、王尚典还是王德民，以及其他的获奖人物和团队，他们平易近人，乐于分享自己的经历和心得。这种平视的态度不仅拉近了与观众之间的距离，也让活动变得更加温馨和有意义。

仰望这些感动石油人物，让我们认识到自身的不足，激发起不断前进的动力；平视这些感动石油人物的另一面，则让我们学会了尊重和平等。在未来的日子里，希望每个人都能像这些感动石油人物一样，既仰望星空，追求更高的理想；又脚踏实地，做好每一件小事，每个人都能在自己的领域内创造属于自己的精彩。

创作回顾

# 点燃希望之光　照亮感动你我之路

/ 卞昌松

在岁月的长河中，有些经历如同璀璨星辰，熠熠生辉，照亮我们前行的道路。第二届"感动石油人物"评选活动，于我而言，便是这样一段意义非凡的历程。从活动开始的筹备宣传，到评选过程中的每一个环节，直至最后的盛大呈现，这段经历宛如一幅绚丽多彩的画卷，在我的记忆中徐徐展开。

怀揣着对石油人物事迹的崇敬，大家精心策划每一份宣传资料，从海报的设计到宣传文案的撰写，每一个字、每一种色彩、每一幅画面都承载着每位参与者对活动的期待。每一次的沟通都是心与心的碰撞，我们感受到了石油人对活动的热情与期待。这个过程，不仅是信息的传递，更是一种情感的共鸣。我们将对石油行业的热爱，对这些平凡而伟大人物的敬意，融入每一个细节中，让这星星之火，有了燎原之势。

还记得提名人选的选拔，是一场在石油行业广袤海洋中寻找珍珠的艰辛旅程。从钻井平台到炼油车间，从勘探现场到科研一线，去挖掘那些隐藏在平凡工作中的伟大事迹。这一过程，就像是在翻阅一部石油人的奋斗史诗。每一个被提名者的故事都让我们动容。有的石油人在艰苦的环境中扎根一生，与家人聚少离多，毫无怨言；有的在技术创新的道路上勇往直前，面对无数次的失败仍不放弃；还有的在面对危险和困难时挺身而出，展现出了人性的光辉。这些事迹，有的惊心动魄，有的默默无闻，但无一不彰显着石油精神的内涵。我们认真聆听每一个故事，仔细核实每一个细节，因为我们知道，这些被提名者是石油行业的脊梁，他们的故事值得被最真实、最完整地呈现出来。这个过程虽然艰辛，但每一个发现都是一份惊喜，每一个感人的瞬间都让我们更加坚定了要把活动办好的决心。

颁奖仪式那天，灯光与舞台交相辉映，大屏幕上播放着提名人选的事迹短片，这些精心制作的短片，让观众们深入了解每一位石油人物的内心世界和他们的非凡历程。我们在台下，为这些人物的伟大而感动，也为活动的成功举办而自豪。在这个过程中，每一次对研讨的参与、对片子的审核修改，都在这一刻得到了完美的体现。那些日夜的付出，那些反复斟酌的话语和画面，都化作了活动现场最动人的风景。

回顾整个活动，这是一次心灵的修行，是一次对石油精神深度领悟的旅程。在这个过程中，我们学会了坚持，面对复杂的筹备工作和紧张的时间节点，没有退缩；我们学会了敬畏，对每一位石油人的事迹都怀着深深的敬意，没有懈怠；我们学会了团结，与团队成员紧密合作，每一个环节都凝聚着大家的心血。

当活动落下帷幕，我们的心灵却在更高处飞翔。这段经历将永远铭刻在心中，成为我前进的动力。我将带着这份感动和领悟，继续在新闻宣传文化事业的道路上坚定前行。

创作回顾

# 赤诚的心　清澈的爱

/ 马莹莹

第二届"感动石油人物"颁奖典礼前夕，本来抱着试一试的心态约访 87 岁的王德民院士，没想到得知我们的采访请求后，老先生竟欣然应允，并提出"可以随便问"。欣喜之余，我对于这位"颜值是他最不值一提的优点"的老院士更充满了好奇和期待。

始于颜值，敬于才华，仰于使命。抛开网友们对于王德民院士超高颜值的关注，走近他才会发现，"星耀油海"的背后是对石油事业的至爱纯粹和对奉献祖国的一生赤诚。

## 赤诚的心，一生许石油，没有任何保留

回望人生中的每一步选择，王德民一生脚步的追随始终只有一个方向——党和祖国需要的地方。

"与其说我选择了石油，不如说石油选择了我。"1955 年高考，9 门课程全部优秀的王德民被北京石油学院录取。毕业前夕，松嫩平原发现特大油田的喜讯传来。放弃留京工作机会的王德民，怀着激动的心情在分配志愿书的第一栏，郑重地写下

"党的需要，祖国的需要就是我的第一志愿"，第二栏则直接填报了松辽油田，即现在的大庆油田。

从 1961 年，毕业仅 6 个月就成功推导出中国第一套、世界第三套不稳定试井测压公式"松辽法"，到 20 世纪七八十年代，他牵头研制出"限流压裂法"，让大庆油田地质储量猛增 7 亿吨，再到 90 年代开展化学驱三次采油攻关，使中国成为首个实现化学驱三次采油大规模应用的国家……国之所需，油之所迫，始终是引领王德民在科研"无人区"勇毅前行的航灯。

如今，87 高龄的王德民依旧没有停下脚步，与"四次采油"技术"硬杠"了十几年的他，谈起这项技术的进展，眼睛里立刻闪出兴奋的光，"现在已经干了 100 多口井，效果非常好，可以说四次采油技术已经取得了工业试验成功。"王德民言语中有一丝欣慰，他抬头停了一下，像在展望又像是期许，嘴里喃喃道："如果将来大规模推广，这种新的开采技术有望延长油田的'壮年期'。"

## 清澈的爱，一心往前走，没有一丝杂念

"早上 8 点一刻到办公室，躲开电梯高峰期，中午 11 点半自己准备点简单午餐，然后上网浏览资料和石油资讯，接着午休一会儿，下午四五点了解完当天所有的技术问题，晚上看资料、想方案，很少在 12 点前休息，每天保持 15 分钟锻炼……"这份让很多年轻人都自愧不如的自律日程表，80 多岁的王德民却日复一日始终坚持着，原因只有一个："我很着急。"

"我们国家还很缺油，对外依存度达到了 70% 以上，而我国的很多大油田已经进入了开发中后期，产量高峰期已经过去，

亟须新的开发技术进行接替。"面对老油田中后期如何实现长期开发的现状和困境，一生致力于为国家多产油的强烈使命感，让这位80多岁的老人充满焦虑："不敢停，不能停！"

"我能做到，那我怎么能不做呢？我知道我能做到，那我还能停吗？如果我不做，那就是最大的自私！"采访中，这句"最大的自私"瞬间击中了我，不禁在心中自问：这是一种怎样的情怀，竟能让"停下脚步"变成自己都不能接受的"自私"？

也正是因为这种对国家、对油田深切清澈的爱，王德民分秒必争地投入到"让油田出更多油"的科研中。每天15分钟的锻炼是他雷打不动的日程之一，"我只是希望通过锻炼能够衰老得慢一点，有时间让我多做一些，争取让油田产量箭头上翘得更高一点。"王德民边说边做着两个手势：一个是缓缓向下，代表着身体的变化；一个是箭头向上，代表着油田产量的增长。

为了争分夺秒投入科研，他把自己的时间管理安排到了极致。午饭一碗简单的开水泡燕麦片、一个水果，有时为了节省时间，来不及冲咖啡就把咖啡粉直接倒进嘴里，甚至助理烧壶水的时间都被他认为是"浪费时间"。机场转机、坐车、夜深安静时，都是他非常珍惜的深度思考的时间，"我几乎从来不坐在办公室想方案，基本都是在（机场）这些地方想的，而且是想了几个月甚至几年，四次采油的同井注采思路就是在机场转机时想到的。"

在与时间的赛跑中，退休之后王德民的科研成果数量比在职时还多。"我喜欢挑战，特别是这种难的还是国家需要的，我就更喜欢去做。"在王德民看来，"论文就是要写在大地上，写在石油企业，写在出油实践中，真正出了油才叫成果。"所以，

87岁的王德民依然坚持到现场一线,"到现场去看试验数据、发现问题和解决问题"。

谈起曾经因突出贡献获得的无数荣誉,王德民直言,对他而言,得奖并不重要,当然也高兴,但是面对前方更多的开发难题,他认为"未来的'新'比过去的'旧'更重要,要向前看,往前走"。

而真正让他兴奋的只有两件事——一是想出了解决问题的方案,二是真正出油。

一生为油,初心如磐。如果说石油是王德民一生的追求,那大庆就是他心中最牵挂的那盏灯。"从1960年来到大庆,我看着它从草原一片、蓝天一顶,到现在高楼林立,可以说看着它生,看着它长,我对大庆有感情。大庆油田过了成熟期以后,未来发展也面临很多问题和挑战,我觉得我有责任多做一些,为大庆尽一份力。"

"我希望国家的石油产量能够箭头上翘越来越高,我也希望看到大庆晚上楼房的灯亮得越来越多……"采访的最后,王德民讲出他最大的愿望。国与家同频共融,他的愿望里唯独没有他自己……

创作回顾

## 靠近你 温暖我

/ 王　晶

第二届"感动石油人物"颁奖典礼落下帷幕。作为项目组的核心成员之一，我看到的不仅是台上的感动，在舞台下、幕布后，一些不为人知的故事，也同样让人感受到温暖，感受到力量。

王德民院士，本届感动石油人物里最重磅的获奖者。他不仅在科技层面的贡献度大，也有很高的国民度，特别是他的盛世美颜，每次一出现都能将话题讨论度拉满。但是从未有报道提到过王德民院士本人的任何回应。按照传播规律，如果我们在舞台上将关注点稍微聚焦在他的颜值上，那最终的讨论度、传播率一定很高。可是，当有这个想法的第一瞬间就被制止了。"他很反感别人说他年轻时候长相帅气……他觉得那是肤浅。"大庆来的同事说道。后来又有熟悉他个性的同事提到同样的信息："你要提这个他可能会生气。"我们只好作罢。在"感动石油"的颁奖舞台上，关于颜值，只字未提。纯粹、执拗、倔强，可能恰恰是这样的人格，为他筑起一道科学世界的围墙，让他始终专注于致力于科技兴油。

郑有录师傅，是本届感动石油人物里"含泪量"最高的获奖者之一。仿佛一个孤勇者，他一年300多天都行进在这条风险极高的青藏公路上，并保持了连续13年零安全事故的纪录。郑师傅1米8左右的个头，面庞黝黑，棱角分明，没想到，竟是这样一个大老爷们儿将我们一个个弄哭。想起这条神奇的道路上，他每次拉运的LNG终点在拉萨，可能会和另外一位感动石油人物交接，我突然好奇："你和关顺伟是不是也认识？""认识，不光关顺伟，还有玉珠峰加油站的老颜，他们三个都熟得很。"他的媳妇连忙接过了话。这不就是一个很好的选题嘛！这条路上竟然诞生了3个感动石油人物，三个人还熟识，郑师傅拉上LNG从格尔木出发，路过玉珠峰加油站，老颜为他加满油，最后到达拉萨和关顺伟做LNG的交接。这是多么动人的一条能源天路啊！我没有想到，一句闲聊，竟然聊出来这样一段故事。和薛梅一碰，于是，《青藏公路上的三剑客》这个报道的思路一跃而出。

袁婷婷经理，本届感动石油人物中成长跨度最大的获奖者，从普通打工妹到党的二十大代表。她的纪录片初版极不理想，看起来有些脱离生活的悬浮。几位同事顶着台风临近的风险，在中秋节期间赴上海补采。回来后交出一稿，整体有很大提升。但也发现，有个镜头是婷婷蹲在地上，在给一位中年男客户的脚上擦些什么，"会不会有些刻意了？"项目组有人质疑。"这是我们采访当天发生的事，这个客户受伤了，婷婷赶紧帮他上药包扎，不是摆拍的。"她还告诉我们，中午1点，采访刚结束，突然周边社区一位大娘给婷婷打电话寻求帮助，婷婷顾不上吃饭，连忙赶去大娘家里，已经收起来的摄像机又赶紧打开，匆忙间有些画面没捕捉到,捕捉到的也有些晃动。两件采访时发生的鲜活故事,顿时让婷婷和客户之间亲如家人的关系呼之欲出,婷婷一步步脚踏实地,向上生长的形象也生动起来。

这些感动人物带来的力量,形成巨大的情感共振。此时的我们,像海绵一般,从这些感动人物的身上汲取着能量。唯有一个念头在心间,那就是把人物的感动点深入挖掘出来、精彩呈现出来。彩排最后一天,将这期间发现的问题全部反馈给乙方团队后,大家结伴去吃晚饭。此时的问题,基本都是如何让细节呈现得更好。有人突然说起:"我不放心,能不能改到位啊?""我也是。"几个人同时应和。大家都担心,万一有理解不到位的,有忙着各种事项给忘记或遗漏的,甚至改对了但是拷错了片子的。"必须盯着,亲眼看到改到位了才行。"于是,大家相约来到乙方团队所在大厅,七八个人对着乙方的两三个剪辑师,排着队,逐个片子改好,一直到快23点。第二天一早,有3点醒的,有5点醒的,有6点醒的,为的是赶紧到典礼现场,盯着师傅在大屏幕上提前播放一遍,最后确认好。正是这样,保证了短片在最后时刻的高质量呈现。

靠近你,温暖我。我由衷地被这故事里的人物所激励着,也被讲述故事的这支团队所感染着。

现在,一年一度的典礼落幕了,但新的感动正在开启。

穹顶之下,云泥之间,还有多少动人的故事等待着我们,去发现,去书写,去撒播……

# 为什么是她？

/ 王　源

在第二届"感动石油人物"颁奖典礼结束后，一名接着一名的观众、工作人员在舞台前方争相与袁婷婷合影留念。作为在颁奖典礼筹备后期专职负责袁婷婷环节的工作人员，我极力按捺住内心的激动，在一旁耐心等待着。突然，袁婷婷对我挥了挥手："来吧，这么多天一直在一起的小姐妹，我们不该一起合个影吗？"听到这句，我立马冲到她身边与她拥抱。瞬间，我们两人都眼含热泪，彼此嘱咐着一定要抽空再相聚。

如今再想起那个瞬间，我依然心潮澎湃。我常常在想，到底是什么让这股感动的力量如此强大、绵延至今？是我们近一个月来不眠不休却又无怨无悔的付出，终于换回了颁奖典礼圆满成功这样一个美好的句号吗？我想肯定是有这方面原因的，但更多的是，在近距离接触感动石油人物、与他们共同奋战过，真实感受到他们身上那股石油人的精神力量后，我们人性中向善向上的那一面被无限触发，于是便愈加被那些美好的品质感动，愈加想成为那样散发光芒的人。

还记得第一次见到袁婷婷时的场景——台风"贝碧嘉"登

陆不久,在略微减弱的疾风骤雨中,袁婷婷和她的一众女员工奋力将被吹倒的广告牌重新立起来,全然不顾前两天还在发烧的自己早已全身湿透。"不愧是她!"那一刻,我的脑海里浮现出这样的字眼。

坦白地讲,那时的我并没有被感动。在编辑岗位工作多年,见惯了各类"拼命三郎"式的人物事迹,不可能那么轻易就被感动。尤其是能入选感动石油人物的人,哪个不是业务骨干、劳动模范?

为了顺利完成拍摄任务,我带着一丝丝审视,请袁婷婷详细讲述了她到上海后的经历。也许是天生性格使然,也许是多年历练,袁婷婷的口才很好,肢体语言非常丰富,讲起故事来很容易让人身临其境。

在讲到她 20 多年前到私人加油站求职的奇遇时,袁婷婷双手握拳又快速摊开,手心向上,兴奋中带有一些庆幸:"没想到那个加油站的老板就是前一天我在路上遇到的大叔!"在讲到加油站被中国石油收购后,老板希望她离开加油站继续为他工作、而上海销售公司的相关负责人也向她伸出橄榄枝时,她双眉紧皱,既纠结又遗憾:"其实我的老板对我真的很好,借钱给我去学习,后来又让我负责加油站的运营。"但当讲到她决定留下来后,她的表情又立刻舒展开来:"我做梦都没想到会在那么大的企业工作,还是国企,我必须要好好干!"在讲到她看到那些货车司机只能吃住在车上时,她面露心酸,又带些急迫:"我赶紧招呼他们进来,让他们用员工休息室洗个澡吃个饭。"而讲到她如何智斗不法分子时,她又拿出女中豪杰的气势,手臂直指前方,仿佛指向她印象里的那辆警车,霸气地说:"我当时就跟来站里的警察说，走！我上你警车去你们派出所，我必须找你们所长评评理！跟那些挑事的人就必须来硬的！"

而在讲到女儿时，这位看似温婉实则泼辣的站经理流露出了身为母亲柔和的一面。正如大多数奋战在一线而疏于照顾家庭的石油人一样，提及孩子，袁婷婷难掩愧疚。

由于工作原因，袁婷婷和丈夫长期两地分居。为了更好地照顾年幼的女儿，她特意把女儿接到上海。但她说，那是她人生中第一次产生辞职的念头。

即便已经过去十多年，但讲起这个故事，袁婷婷还是红了眼眶。那个时候，袁婷婷兼任两座加油站的站经理，工作异常忙碌。有一天晚上，待她把女儿哄睡后，想起站里还有一点要收尾的工作，她本打算赶紧过去做完就回来，结果谁知一忙就到了凌晨5点。等她回到家打开门，就发现女儿趴在门口，声音早已哭哑。刹那间，她仿佛是被内心积累已久的愧疚击垮，第一次对自己坚持的事业产生了动摇。思来想去，袁婷婷还是把女儿送回老家交由老人照顾。

"我现在把她接来，是想让她接受更好的教育，也是想好好照顾她。但实际上，我还是经常顾不上她。"袁婷婷看着前方车来车往，"她总跟我说，你把我接来，却又不管我。"

我不敢问她"女儿是否能理解你"这样的问题，怕引起她更多的感伤，但袁婷婷反倒是看出了我的难过，安慰似的对我说："她现在长大了，很多事情也能想明白了。"这次，换我红了眼眶。

听袁婷婷讲了那么多故事，之前一直困惑我的那个问题似乎有了答案。

## 创作回顾

为什么是她？

除了那些在我看来足以骄傲一辈子的传奇经历、惊人业绩之外，还有袁婷婷身上极具感染力的特质——那是一种奋斗者所独有的对生命充满热爱、对美好生活充满向往的永远朝气蓬勃的生命力，那是一种奋斗者所独有的勇于憧憬、敢于梦想、永远催人奋进的正气与信念。正是这种生命力，让她在面对生存的艰辛时能咬牙坚持。正是这种正气，让她敢于直面险象环生的困境与挫折。正是这种信念，让她始终对这份来之不易的石油事业保持从一而终的坚定。也正是这种朝气蓬勃的生命力、这种以浓烈的爱为底色的正气和信念，让她总想为那些和曾经的她一样需要帮助的人撑一把伞，支撑着她步履铿锵地走上了更大的人生舞台，成为万众瞩目的主角。

在颁奖典礼上，主持人问出了我想问的那个问题。袁婷婷很开心地说："女儿说，她以我为骄傲。"

感动石油 2024

# 感动石油　每个人都了不起

/ 周小霞

"感动石油人物"推荐宣传活动是中国石油报社举全社之力承办的集团公司品牌文化活动，受到系统内外和社会各界的广泛关注。连续两届作为唯一的专职人员参与其中，我是何其的幸运。

在集团公司党组宣传部的指导下，在报社领导的充分信任、大力支持和全程指挥下，团队战胜了一个个困难，举办了一场精彩的盛会，赢得好评，我们又是何其的荣耀！

## 感动之旅

真正来自基层，真实朴素的一线员工最能打动人。新疆油田的李裕杰，磨了一辈子石头，他追求的是0.03毫米的极致。昆仑物流LNG运输司机郑有录，他诠释了青藏线上138万公里行车零事故的责任。他们的身上没有太多的光环和荣誉，更多的是在平凡岗位上的坚守。

项目组成员最早一睹感动石油人物风采，我们有幸深入探寻他们内心深处，面对面和他们交流，这也是我们人生的感动之旅。王德民院士，德高望重的行业泰斗，原本我们设计的是请他在观众的掌声中由后场走到台上，但被他一口回绝。他说我就是那十分之一，跟大家一样，不能搞特殊。吉林石化汪老夫妇，90多岁高龄，不能来到典礼现场，特意录制了视频。老人背了一晚上内容，就怕录的时候忘了词。看，他们就是这样，可爱可亲可敬，于细微处总能感动我们。

感动我的还有项目组的同事。项目前期，很多人身兼多职，白天采访、看版、做微信公众号文章、处理工作，晚上干感动石油项目。文案组成员精心打磨专题片、脚本、颁奖词、台本，不知熬了多少夜；余果林、王舒黎远赴土库曼斯坦、伊拉克采访；很多同事或放弃或中止休假投入攻坚；李炯、王源中秋前夜前往上海补拍视频，在台风登陆前抵临上海；为远程支援舒黎采访，王晶、王馨悦凌晨2点多还在腾讯会议上和海外连线……

## 感恩成长

参与感动石油项目，对我个人来说，是一次艰难的跨界。刚接触感动石油项目时，我有些焦虑，感觉无从下手，好在项目组将任务分解，大家都边学边干，加速进入状态。干完了这个活，我感觉自己也在融媒里冲了一次浪。

成长的不光有我，还有团队的大家。项目组成员敢于涉足不熟悉的领域，找到了潜力点，把自己锻炼成了多面手。很多人自信地说："再学学再长长本事，这'感动石油'的活咱们能干得更精彩。"新入职大学毕业生小白上路，进入状态却很快，干啥都有模有样，这是他们宝贵的入职第一课。

## 感悟情怀

作为整个活动的亲历者，我真切感受了主创人员在项目遇到瓶颈时的焦灼不安，也见证了颁奖典礼完美呈现后大家喜极而泣的真情流露。当颁奖典礼结束后，薛梅主任看着大家说"来，我们也抱一下吧"，突然不知从哪儿冒出来的五六个人团聚在一起紧紧相拥。在那一瞬，每个人眼里都噙着泪花。

是啊，要举办这么一场大规模、高标准的活动，纵然是举全社之力，也是一场艰巨的硬仗。但在宣传部指导下，在报社领导无条件的支持下，我们啃下来了。其中一直支撑着我们的，除了高度的责任感和团队意识，还有对石油、对石油新闻事业的情怀。

这份情怀，让我们跨越山海、无惧台风，克服一切困难，只为把人物内心最动人的一面挖掘出来；这份情怀，让我们在凌晨1点钟的办公室里苦思冥想、激烈争论，想尽办法把人物的感动点用最精彩的方式呈现出来；这份情怀，让我们像永动机一般不知疲倦……

尽管已经历两届感动石油，但这份情怀带给我的力量，却历久弥坚。这段经历也将作为一笔宝贵财富，永远留在我内心深处。

创作回顾

# 再度重相逢

/ 余果林

举国欢庆之际,有幸再一次参与感动石油项目。作为文案组的一员,我可以以第一人称视角深入走进获奖人物的内心世界,并将其展示给更多人,未尝不是一次充满挑战的全新体验。

与去年参与项目最大的不同是,今年的获奖人物中,有不少是我的"旧识",或者在以往的某个时间中,有过同一空间的交集。2018年,在青岛唐岛湾畔的逸夫楼前,我第一次见到曾经只在课本和校史馆中听闻的王德民院士。时年81岁的老院士神采奕奕、健步如梭,在汇报台上站立分享了近3小时的四次采油技术,无论是专业领域的深度,还是他对于石油事业的那份赤诚,都给初涉油气开发专业的我留下了永生难忘的记忆。2022年,刚入职报社不久的我,借由一篇《天路送气人》,第一次了解到中国石油运输铁军这一群体,而郑有录师傅正是其中闪耀的代表之一。在2023年年中以及2024年春节前后,我前往深地塔科1井先后报道该井开钻以及突破万米两大节点。在井场里,我和这些大国重器的建设者们一起欢度除夕、一起攻坚克难、一起见证奇迹,结下了深厚的友谊。2024年,我前往土库曼斯坦阿姆河右岸，见到了阿姆河公司的明星员工谢尔达尔，他比我想象中的健谈、果敢，短暂的相处让我对他由衷地敬佩……

在项目冲刺期间，当我看到他们的视频、文字材料，往日与之相关的记忆碎片，一幕幕地冲击着我。因为他们的故事和经历，在曾经的某个阶段，激励着我、感动着我、影响着我。这种感觉，在颁奖典礼彩排期间，当我见到他们的时候，更是到达了高潮——

故人重相逢！

感动石油的舞台，让他们的感动得以传播到更大的范围，从集团内向集团外，从国内向海外；让各个岗位的石油人都能找到职业的意义所在，哪怕职务再小，工作环境再偏远，也有它不可替代的价值；让石油精神和大庆精神铁人精神得以升华。这是一家企业的根和魂随着新时代的发展在延续、在传承、在创新。

不过稍有遗憾的是，囿于时间有限，颁奖典礼上的他们，只能呈现出一个侧面，或者，一炬闪光点。但仅仅一个侧面、一束微光，就能温暖一个群体，闪耀一片星河。因此，他们的获奖，在我看来，是一种不以意志为转移的必然。舞台上，他们是领奖人，是所在岗位的模范，是一个公司的骄傲；舞台下，他们也是平凡而普通的人，他们也曾为舞台上呈现出的"感动"付出过常人不曾想象的努力，甚至牺牲了生活中的一部分，投入到所热爱的能源事业。

这些共通点，让每个人都能从中找到共鸣点，这也是感动石油这一品牌的魅力所在。究其本质，因为他们，也是我们。

## 创作回顾

我们有着同样的奋斗目标,在保障国家能源安全、当好能源保供"压舱石"中再立新功、再创佳绩。我们还有着一致的未来愿景,加快绿色低碳转型,争取再造一个"绿色中国石油"。

正是感动石油,将百万石油人的精神家园更加紧密地联系在一起,将更多人深埋于内心深处对爱与善的追求串联在了一起。这是一场精神的盛宴,又不止一次盛宴。感动的种子,也必将在每一个有中国石油人的地方生根发芽,开花结果。

我很幸运,能够参与到这一独一无二的项目中。期许来年的感动石油,能够唤醒更多人的美好记忆!

# 新起点　新感悟

/王　佳

作为新入职中国石油的员工，我怀着无比激动的心情，很荣幸地全程参与了报社的重大项目——第二届"感动石油人物"推荐宣传活动。这次活动不仅让我深刻感受到了石油人的坚韧不拔、默默奉献的精神，更让我对自己的未来充满了信心和期待。

初次接触"感动石油人物"项目，我的内心充满了好奇：究竟什么样的人物能够被称为感动石油人物？他们背后又有着怎样的故事和经历？带着疑问，我满怀期待地投入到了活动的筹备中。

从整理事迹材料到参与撰写文案，从制作剪辑到打磨修改，他们感人的故事和经历，仿佛每天都会上演。虽然我和他们素未谋面，但他们的故事每天都伴随着我，关于他们的每一篇文案、每一个字符，都是他们故事的印记，让我感受到了温暖与力量。他们是那样的鲜活、那样的令人敬佩。

颁奖典礼开播前，项目团队专心筹备，细致彩排。我也积极参与，提前到达节目现场协助彩排工作，偶遇了很多"明星"，

## 创作回顾

我满怀激动地与他们合照,那一刻真的太幸福了。每每与他们相遇,望着他们的身影,我都无比敬佩,他们明明那么的平凡,但却那样的耀眼。后来我终于明白了为什么我总能在一群人里看见他们,因为他们的眼睛总是明亮的,他们的步履总是坚定的,他们的身躯总是挺拔的。在他们身上,我充分感受到了石油精神和大庆精神铁人精神的传承与发扬。

颁奖典礼正式开始,我站在会场最后一排,闪光灯照在他们的脸庞上,显得格外耀眼。他们不仅在领奖台上发光,更是在各自的领域,在祖国的每一寸土地上发光、发热。尽管已经对他们的故事印象深刻,但在颁奖典礼现场,再次走进他们的人生,我还是忍不住眼含热泪,我太希望他们能被大家所认识,他们的故事能被大家所熟知,他们的精神能被大家所发扬……

颁奖典礼顺利落幕,老师们也聚在一起拥抱,作为幕后人员的我和各位老师一起合照留念。但不知道为什么,我好像没有如释重负的轻松感,我还想和各位老师一起书写他们的故事,还想继续听他们的故事,留在故事里……过去的近四个月时间,仿佛是一场梦,能深刻体会石油人精神、感悟石油人灵魂的一场美梦。

真的很幸运能全程参与第二届"感动石油人物"推荐宣传活动,这是我职业生涯中的第一次,也是很重要的一次宝贵经历。与老师们一起工作真的很开心,这种氛围让我感受到了家的温暖和力量,也让我更加珍惜与同事们的友谊和合作。感谢各位老师的包容与耐心指导,我成长了很多,也收获了很多。

短暂的四个月,虽然留恋,但感动仍在继续,我们仍将以不同的方式踏上寻找感动的路……

## 不啻微芒化炬阳

/ 王 汐

作为刚刚入职不久的"新人",能有机会参与报社举办的第二届"感动石油人物"推荐宣传活动,我的心情是非常激动的。在这段时间里,项目组上下齐心协力,为呈现出最深的感动、最动人的舞台倾注了无尽的心血。

如果说,感动石油人物们是在"台前"的聚光灯下讲述自己的故事,我想,项目组的各位工作人员则是在"幕后"默默书写不一样的"感动石油"。

刚刚加入项目组的时候,我是十分迷茫的。我缺乏工作经验,对石油行业也并不熟悉,更不用说对"感动石油"这个项目中"何为感动"有什么全面的理解。要做成、做好这个项目,究竟需要哪些筹备、要以什么样的形式呈现,这些在我的认知中都是空白的。我带着懵懂加入,怀着一腔热爱和激情,乐观地认为只要勤奋肯干,没有什么克服不了的困难。

但现实击碎了我天真的想法,冲刺阶段的工作远比我想象的要琐碎复杂。台本中的每一句串词、每一个问题、每一个互动环节的设置和每一位人物的名片颁奖词,都是文案组成员在会议室中从早打磨到晚、反复推敲、字字斟酌的心血。那段时间，我跟着各位领导、各位前辈努力学习，尽心尽力完成每个交给我的、即使是很简单的小任务。

我忘记了自己究竟有多久没有见过北京的夕阳，也记不清有多久没有给父母打过电话。虽然和同一届入职的同事们住在一起，我每天也都见不到她们，因为我回去时她们早已经进入了梦乡。

中秋节前，我们的台本和脚本都经历了颠覆性的修改。在那段时间，当看到各位领导、前辈们没日没夜地在岗位上奋斗，大家勠力同心地解决问题、高效运转，我敬佩的同时也苦闷于自己的"弱小"。我忍不住想，尚且"稚嫩"的我究竟能给团队带来什么？如果我的业务能力再强一点、如果我能再可靠一些、如果我能更多地帮助大家、为团队发挥出更大的作用就好了。

初入项目组时的迷茫终于在第一次彩排中得到了"答案"。

当我看到这届的感动石油人物们站在聚光灯下时，我的心中感慨万千。天路送气人郑有录，在许多人看来可能只是一名普通的 LNG 运输司机，但他却在自己的岗位上发光发热，将温暖送入千家万户；制片师李裕杰，每天都在重复地打磨岩片，从事在外人看来既枯燥又"无意义"的工作；加油站站长袁婷婷，时刻将"服务"放在心中，不断将自己的爱播撒给每一位需要帮助的人……他们看似"平凡"，却又无可替代，正是他们的耕耘和奉献，让涓涓细流成为滔滔江水，为中国石油的发展注入了不竭的活力。

王德民院士说："我是他们当中的十分之一。"我忽然明白，是的，在这片"油海"的夜空中，有人殊勋异绩，是最亮的星，有人平凡普通，却仍然散发着微弱的光芒。这光芒可能十分微弱，但仅仅因为别人看不见，他们就不发光了吗？不是的。他们不仅要发光，还要凝聚在一处，他们点亮了星河，甚至能够发出比太阳还要耀眼的光芒。

那一刻，所有的努力和付出在舞台上都具象化了起来。我们将这些或平凡或伟大的人呈现在更多人面前，让更多的人认识他们、看到他们，这就是感动石油工作组全部意义的所在。我们虽然在幕后，但也正是因为每个人的努力付出，让感动得以精彩呈现。这个力量可能或大或小，但每一股力量都往一处汇聚，拧成一股绳，这就是意义：每个人都是不可或缺的。

我很荣幸能够在刚入职不久就参与感动石油项目。虽然因为时间冲突，我成了报社这届入职的新人中唯一没能去大庆学习石油精神和大庆精神铁人精神的新员工，但我想，经过了感动石油的锤炼，我对这种精神的理解和体会或许更加深刻。

不啻微芒化炬阳。感动石油不仅是我宝贵的入职第一课，也加深了我对石油和石油新闻事业的情怀。在今后的工作中，我相信我会怀揣着这份独特"感动"继续向前，不断锻炼自己的能力，在夜空中散发自己的光芒。

注：本章节署名人员均为第二届"感动石油"项目组成员

创作回顾

# 心怀感动　用心服务

/ 组织运行组

集团公司成功举办第二届"感动石油人物"颁奖典礼，展示了新时代良好的石油企业形象，持续擦亮石油文化品牌。活动中，组织运行组主要承担谈判选商、合同签署、组织协调舞台搭建、氛围营造、会务服务等工作。按照"精力全部投入、细节全面把控、重点全程推进"的工作要求，组织运行组成立工作专班，参战同志齐心协力、夜以继日，圆满完成了各项工作。

## 把握先机，抢抓进度，为项目顺利开工创造有利条件

诸如工程量清单和技术标准等信息，是招标选商的关键要素。项目前期，"感动石油人物"候选人人数、视频片数量与时长等关键要素尚未确定，给招标工作带来挑战。项目组参考首届活动的经验，并进行广泛调研，多次测算评估，制定科学合理的招标文件，保证了招标工作的稳步进行。2024年7月底，顺利完成招投标工作，比去年提前了近一个月，为中标团队尽早融入项目工作赢得了宝贵的时间窗口。

在中标结果公布之后，报社项目组迅速行动，第一时间与中标方进行面对面交流，细化落实各项工作。根据项目要求，我们

协调组建了一支拥有国家级大型活动服务经验的策划撰稿、视频制作、舞美执行的专业团队，并先后7次对舞美设计和物料制作方案进行优化调整。在视频后期制作阶段，协调合作团队30余人在报社联合办公，集中打磨各项方案细节，力求呈现最佳效果。

### 精心组织，扎实推进，以高水准打造颁奖典礼

一场500人规模的典礼，组织运行点多面广，统筹协调千头万绪。项目组织运行组抽调综合业务能力硬、创新意识强、抗压能力好的人员组成工作专班，各方密切配合，形成高效协同的立体"作战"模式，高质量高标准高效率开展工作，确保各项既定任务圆满完成。

我们深入分析活动流程，仔细排查不确定性风险，制订服务保障方案。项目小组核心成员，主动放弃中秋佳节与家人团聚的机会，编制《组织运行工作操作手册》，细化六大类40余项任务，做到事事有人管。从流程设计到时间测算，到资源配置到应急演练，对每一个环节都经过了反复推敲和模拟演练，为活动顺利举办奠定可靠的基础。

### 聚焦重点，狠抓细节，全力做好典礼服务保障工作

"感动石油人物"颁奖典礼规模大、规格高，所涉及的组织服务工作是项目的难点。一是涉及环节多。会务工作涉及会前准备、会中服务和会后整理等不同阶段，而每个阶段、每个方面的工作又包含众多环节。颁奖典礼前5天，项目组织运行组核心成员入驻昌平科技园集中办公，现场统筹协调舞台搭建、应急保障、来宾接待、会场布置等工作，每天工作到深夜。

二是参会人员多。这次活动参会人员近500人，会议通知、

接待、协调等方面的工作量大。对领奖人员及其陪同人员，我们提供全过程"一对一"专人服务，确保每位参会人员能够准时、舒适地到达活动现场。奖典礼举办期间，恰逢国家自然科学基金委员会、中油测井等多家单位同期举办会议，石油科技交流中心客房资源极为紧张。经过积极有效的沟通协调，妥善安排170余人住宿及720人次用餐服务，受到参会代表的认可。

三是临时变动多。会务工作的临时变化时有发生。比如，在会场座次安排方面，会务组为每位参会代表都准备了座椅签，这也意味着一旦有人员变动，整个座次表就需重新调整。9月24日凌晨2点前，工作人员虽已完成会场座次安排和会议材料发放，但直至25日早上8点20分，历经4次调整，才最终确定座次。

## 心怀感动，用心服务，持续擦亮石油文化品牌

坚持最后把关"以我为主"，是石油文化品牌保持闪亮的不变信念。岗位责任心由内而生，岗位责任无可替代。项目冲刺阶段，很多人怀着"时时放心不下"的心态，夜里睡不着觉，凌晨4点钟，还在会场查看，检查物料安全可靠、座位摆放准确无误。很多关键节点，负责同志检查无误后，大家又按照工作表单交叉互检，生怕一点点纰漏影响到活动的完美效果。现在回头看，正是这种事事负责到底的"痛苦"和"辛苦"，为活动的成功举办提供了坚实的服务保障。

当然，项目组织过程中，一方面我们还存在"人海战术""熬夜计划"，在个别环节采用"笨办法"以确保工作平稳有序；另一方面在组织复杂工作时，还缺少系统思维推动各个专业线齐头并进等不足。下一步，我们将不断总结经验教训，创新工作思路和方法，为今后的活动提供更加优质的服务。

媒体报道 2024

2024年9月25日，中国石油第二届"感动石油人物"颁奖典礼隆重举行。经济日报、工人日报、人民网、央视网、光明网、中国网、中国能源网、中国石油报等10余家主流媒体采访报道，当日直播观看量超过270.6万。这次活动既是对石油精神和大庆精神铁人精神的一次再学习，也是社会各界对中国石油的一次深入认知，激荡了石油情怀，彰显了石油力量，树立了良好的企业形象。

媒体报道

# 经济日报

## 中国石油第二届"感动石油人物"颁奖典礼举行

经济日报新闻客户端 齐慧 2024-09-27 15:13

9月25日,中国石油第二届"感动石油人物"颁奖典礼在北京举行。

中国石油集团公司董事长、党组书记戴厚良在致辞中表示,新中国成立75年来,中国石油始终与祖国同行、与时代共进,为党和国家作出了卓越贡献。特别是近年来,中国石油以实际行动诠释"中国石油是党的中国石油、国家的中国石油、人民的中国石油",公司经营业绩屡创历史新纪录,高质量发展迈上新台阶,世界一流企业建设展现新气象,向党和国家交出了亮丽的答卷。

戴厚良指出,"感动石油人物"感人至深的事迹,充满了信念与梦想、坚韧与执着、激情与奉献,集中展现了石油人奋进新征程、建功新时代的昂扬风貌。中国石油作为集国家石油公司和国际石油公司于一身的国有重要骨干企业,坚决做到"两个维护"、全力保障国家能源安全、加快建设世界一流企业,是历史赋予我们这一代人的重大责任。新时代新征程,要以英模团队和英雄人物为榜样,学习他们信念坚定、紧跟党走的忠诚本色,学习他们矢志奋斗、奉献祖国的政治品格,学习他们攻坚克难、开拓进取的创新精神,学习他们功成不必在我、功成必定有我的崇高风范,挺膺担当、砥砺奋进,奋力谱写新的华章,为以中国式现代化全面推进强国建设和民族复兴伟业贡献力量。

经济日报客户端
2024年9月27日

# 工人日报

### 中国石油第二届"感动石油人物"颁奖典礼举行

来源：工人日报客户端　　2024-09-26
作者：王冬梅

9月25日，中国石油集团举办第二届"感动石油人物"颁奖典礼，典礼现场掌声经久不息，在一个个感人至深的故事中，感动石油人物评选结果揭晓。他们分别是：中国工程院院士王德民、吉林石化汪人锋和李冀夫妇、长庆油田"好汉坡"团队、哈法亚公司冯建勋、阿姆河公司谢尔达尔、上海销售袁婷婷、昆仑物流郑有录、石化院"POE创新团队"、万米深井攻坚团队、西南油气田刘勇、寰球公司张来勇、锦西石化王尚典、新疆油田李裕杰。

此次获奖的个人和团队是经企业推荐，通过中国石油全媒体展播127名企业推荐候选人事迹，组委会从中遴选出25个提名人选，经过7天186万人次参与投票，由评委会评审并上报集团公司党组审定，而最终产生的。

工人日报客户端
2024年9月26日

媒体报道

人民网

## 西南油气田公司刘勇当选中国石油第二届"感动石油人物"

2024年09月25日15:04 | 来源：人民网－四川频道

中国石油第二届"感动石油人物"颁奖典礼现场。西南油气田公司供图

9月25日，中国石油第二届"感动石油人物"颁奖典礼在北京举行。经过综合评审，西南油气田公司气田开发管理部刘勇当选年度感动石油人物，并受邀赴京参加颁奖典礼。西南油气田公司获本届"感动石油人物"推荐宣传活动优秀组织奖。

人民网
2024 年 9 月 25 日

# 央视网

央视网 > 地方频道

## "好汉坡"团队获评"感动石油人物"

来源：央视网 | 2024-09-27 15:02:00

**央视网消息** 9月25日，中国石油集团举办第二届"感动石油人物"颁奖典礼，礼赞每一位在平凡岗位上任劳任怨、默默付出的追梦人，致敬为石油工业作出贡献的奋斗者，向新中国75周年华诞献礼。

长庆油田采油一厂"好汉坡"团队获得"感动石油人物"殊荣。

央视网
2024 年 9 月 27 日

媒体报道

光明网

## 中国石油第二届"感动石油人物"颁奖典礼举行

9月25日，中国石油集团举办第二届"感动石油人物"颁奖典礼，礼赞每一位在平凡岗位上任劳任怨、默默付出的追梦人，致敬为石油工业作出贡献的奋斗者，向新中国75周年华诞深情献礼。集团公司董事长、党组书记戴厚良出席并致辞，强调要重温光辉历程、感悟初心使命，汲取榜样力量、赓续精神血脉，凝聚保障国家能源安全、加快建设世界一流企业的磅礴力量。

星光璀璨，每个人都有光芒；感动石油，每个人都了不起；见证历史，每个人都肩负使命。典礼现场掌声经久不息，在一个个感人至深的故事中，"感动石油人物"评选结果揭晓，他们分别是：中国工程院院士王德民、吉林石化汪人锋和李冀夫妇、长庆油田"好汉坡"团队、哈法亚公司冯建勋、阿姆河公司谢尔达尔、上海销售袁婷婷、昆仑物流郑有录、石化院"POE创新团队"、万米深井攻坚团队、西南油气田刘勇、裹球公司张来勇、锦西石化王尚典、新疆油田李裕杰。

颁奖典礼现场

戴厚良、侯启军、周松、谢军、张道伟，外部董事邓建玲、王光坤，在典礼上为11位感动石油人物和3个感动石油团队颁奖。

光明网
2024年9月26日

# 中国网

## 中国石油第二届"感动石油人物"颁奖典礼举行

中国网 2024-09-26 15:02

9月25日,中国石油集团举办第二届"感动石油人物"颁奖典礼,礼赞每一位在平凡岗位上任劳任怨、默默付出的追梦人,致敬为石油工业作出贡献的奋斗者,向新中国75周年华诞深情献礼。集团公司董事长、党组书记戴厚良出席并致辞,强调要深化落实习近平总书记重要讲话和重要指示批示精神,重温光辉历程、感悟初心使命,汲取榜样力量、赓续精神血脉,凝聚保障国家能源安全、加快建设世界一流企业的磅礴力量。

星光璀璨,每个人都有光芒;感动石油,每个人都了不起;见证历史,每个人都肩负使命。典礼现场掌声经久不息,在一个个感人至深的故事中,感动石油人物评选结果揭晓,他们分别是中国工程院院士王德民、吉林石化汪人锋和李昊夫妇、长庆油田"好汉坡"团队、哈法亚公司冯建勋、阿姆河公司谢尔达尔、上海销售袁婷婷、昆仑物流郑有录、石化院"POE创新团队"、万米深井攻坚团队、西南油气田刘勇、寰球公司张来勇、锦西石化王尚典、新疆油田李裕杰。

颁奖典礼现场

戴厚良、侯启军、周松、谢军、张道伟,外部董事邓建玲、王光坤,在典礼上为11位感动石油人物和3个感动石油团队颁奖。

戴厚良在致辞中表示,新中国成立75年来,中国石油始终与祖国同行、与时代共进,为党和国家作出了卓越贡献。特别是近年来,我们牢记习近平总书记重大嘱托,以实际行动诠释"中国石油是党的中国石油、国家的中国石油、人民的中国石油",公司经营业绩屡创历史新纪录,高质量发展迈上新台阶,世界一流企业建设展现新气象,向党和国家交出了亮丽的答卷。成绩的取得,得益于习近平总书记的掌舵领航和习近平新时代中国特色社会主义思想的科学指引,得益于党中央的坚强领导,也得益于中国石油拥有一支用石油精神和大庆精神铁人精神武装起来的,为党奋斗、为国奉献,敢打硬仗、能打胜仗的石油铁军。

中国网
2024年9月26日

媒体报道

# 中国能源网

## 中国石油第二届"感动石油人物"颁奖典礼举行

来源：中国能源网　2024年09月26日 20:41　作者：吴莉

9月25日，中国石油集团公司举办第二届"感动石油人物"颁奖典礼，礼赞每一位在平凡岗位上任劳任怨、默默付出的追梦人，致敬为石油工业作出贡献的奋斗者，向新中国75周年华诞深情献礼。本届获奖的感动石油人物和感动石油团队是：中国工程院院士王德民、吉林石化汪人锋和李翼夫妇、长庆油田"好汉坡"团队、哈法亚公司冯建勋、阿姆河公司谢尔达尔、上海销售袁婷婷、昆仑物流郑有录、石化院"POE创新团队"、万米深井攻坚团队、西南油气田刘勇、寰球公司张来勇、锦西石化王尚典、新疆油田李裕杰。

星光璀璨，每个人都有光芒；感动石油，每个人都了不起；见证历史，每个人都肩负使命。

中国能源网
2024 年 9 月 26 日

感动石油 2024

2024年6月上旬开始，中国石油报社启动第二届"感动石油人物"推荐宣传活动全媒体报道。从活动启动、人物展播、网络投票到颁奖典礼，纸媒、新媒体联动发力，推出专栏、专题、专版，中国石油报微信公众号、集团官微、集团微博、新闻中心网站、铁人先锋、视频号、中国石油海外媒体社交账号等多平台集中宣传，在集团公司内外掀起礼赞石油榜样、崇尚石油典型的浓厚氛围。

# 中国石油报

## 感动石油，凝聚向上向善的磅礴力量

2024年是新中国成立75周年，也是深入实施"四个革命、一个合作"能源安全新战略10周年。9月25日，在中国石油纪念日这个特殊的日子里，第二届"感动石油人物"颁奖典礼举行，号召百万石油人弘扬石油精神，汲取榜样力量，赓续精神血脉，凝聚保障国家能源安全、加快建设世界一流企业的磅礴力量。

总有一种感动让人热泪盈眶，总有一种触动让人心生力量。纵览今年的"感动石油人物"当选者，有冲破国外技术封锁、勇攀石油科技高峰的科研工作者，有无怨无悔坚守保供一线、勇敢追逐"中国梦"的基层奋斗者，有扎根大漠戈壁、保障国家能源安全的西部石油人，有舍小家为大家、为共建"一带一路"

奉献青春年华的海外石油人……伟大时代造就先锋榜样，伟大事业铸就精神丰碑。在中国石油持续深化改革、奋进世界一流的进程中涌现出的这些英雄人物和英模团队，是百万石油人为祖国"加油"、为民族"争气"的集中体现，从不同维度见证了我国石油化工行业75年来从无到有、由弱到强的辉煌成就，生动展现了石油人奋进新征程、建功新时代的昂扬风貌，以实际行动诠释了"中国石油是党的中国石油、国家的中国石油、人民的中国石油"。

在"感动石油人物"的背后，还有千千万万个努力奋斗者的身影，他们同样是我们心目中的平凡英雄。从荒凉的沙漠到巍峨的高原，从广袤的滩涂到浩瀚的盆地，他们奋战在万米井场、炼化车间、加油站点……为祖国的石油事业默默坚守、无私奉献。这些奋斗者时刻牢记习近平总书记的殷殷嘱托，矢志不渝地继承弘扬石油精神和大庆精神铁人精神，在能源报国第一线攻坚克难、砥砺奋进，努力创造无愧于人民、无愧于时代的石油业绩。

山因脊而雄，屋因梁而固。今天，让我们带着这份感动、带着这份力量，以先进为标杆、以典型为榜样，把精神的洗礼化作奋斗的动力、将灵魂的触动变为实际的行动，以坚定的信念、严明的纪律和勇于担当的情怀，为加快建设基业长青的世界一流企业努力奋斗，在中国式现代化建设中书写石油新篇章。

（本报评论员）

# 中国石油报
## CHINA PETROLEUM DAILY

2024年9月26日 星期四
第8704期

**特别推荐**：总有一群平凡而伟大的石油人，以信念坚定、紧跟党走的忠诚本色，矢志奋斗、奉献祖国的政治品格，攻坚克难、开拓进取的创新精神，感动着我们，带给我们披荆斩棘、勇往直前的力量。

这些石油人，让我们看到了升腾于各条战线上向上、向善的力量。他们感人至深的事迹，充满了信念与梦想、坚韧与执着、激情与奉献。正是他们，用石油智慧构筑起奋进新时代的不朽丰碑，用石油精神引领广大石油人为推动中国式现代化贡献磅礴之力。

人物风采展示详见第二、三版，颁奖典礼精彩瞬间详见第四版

## 礼赞平凡岗位上的追梦人，致敬为石油工业作出贡献的奋斗者，向新中国75周年华诞深情献礼
### 中国石油第二届"感动石油人物"颁奖典礼举行

戴厚良会见"感动石油人物"并在颁奖典礼上致辞，强调要重温光辉历程、感悟初心使命，汲取榜样力量、赓续精神血脉

王德民、汪人锋和李冀夫妇、长庆油田"好汉坡"团队、冯建勋、谢尔达尔、袁婷婷、郑有录、石化院"POE创新团队"、万米深井攻坚团队、刘勇、张来勇、王尚典、李裕杰获奖

## 感动石油，凝聚向上向善的磅礴力量
本报评论员

## 见证感动 传递力量

## 中国石油首套天然气余压发电装置发电量突破百万千瓦时

## 中国矿业权评估师协会油气资源储量评估专委会成立

## 中国石油科技利器"现身"全国科普日

## 中国石油精彩亮相第二十一届东博会

《中国石油报》2024年10月11日4版

感动石油 2024

特别策划

# 致敬向上的力量

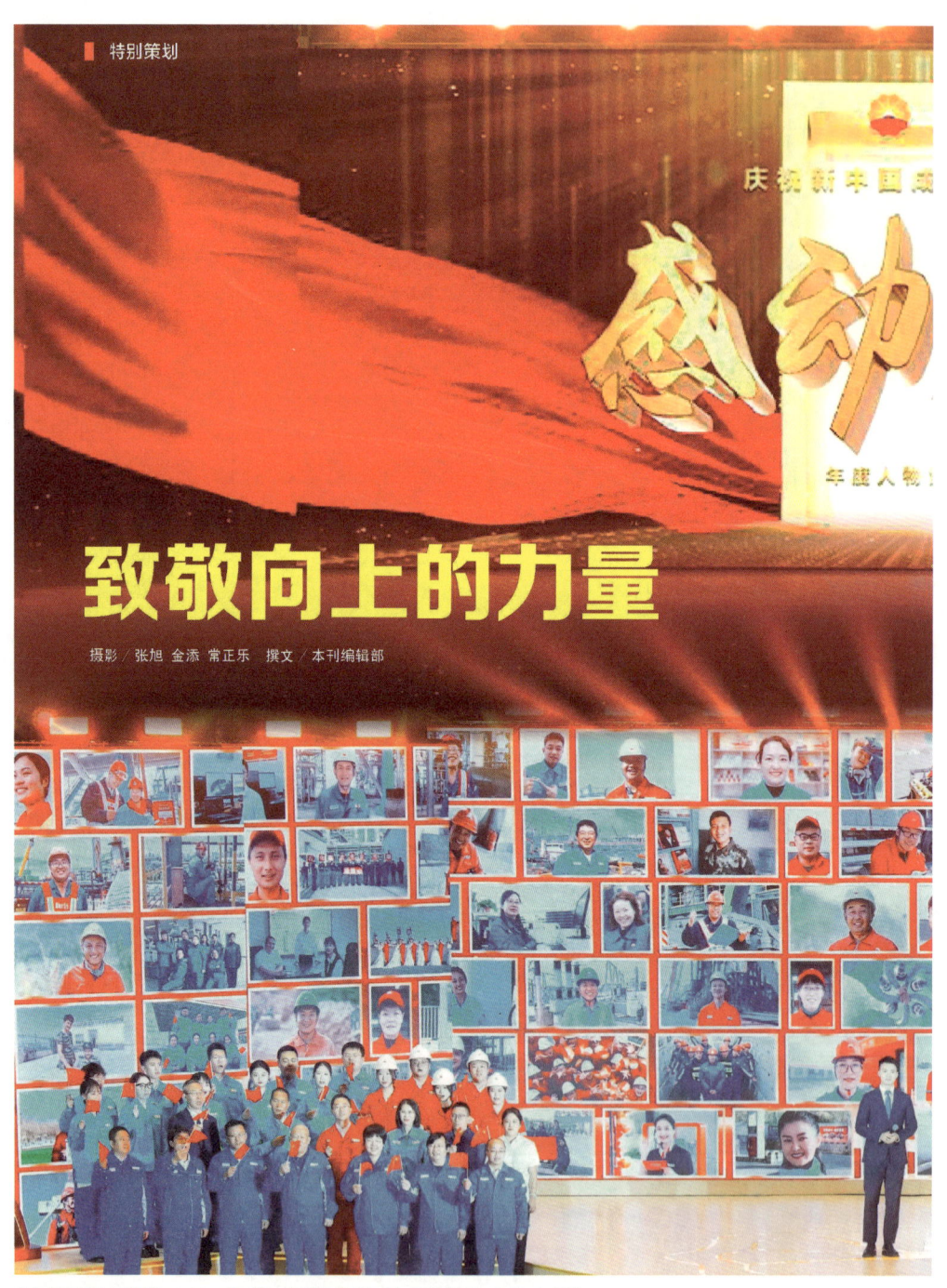

摄影／张旭 金添 常正乐 撰文／本刊编辑部

《中国石油画报》2024年第9期特别策划《致敬向上的力量》

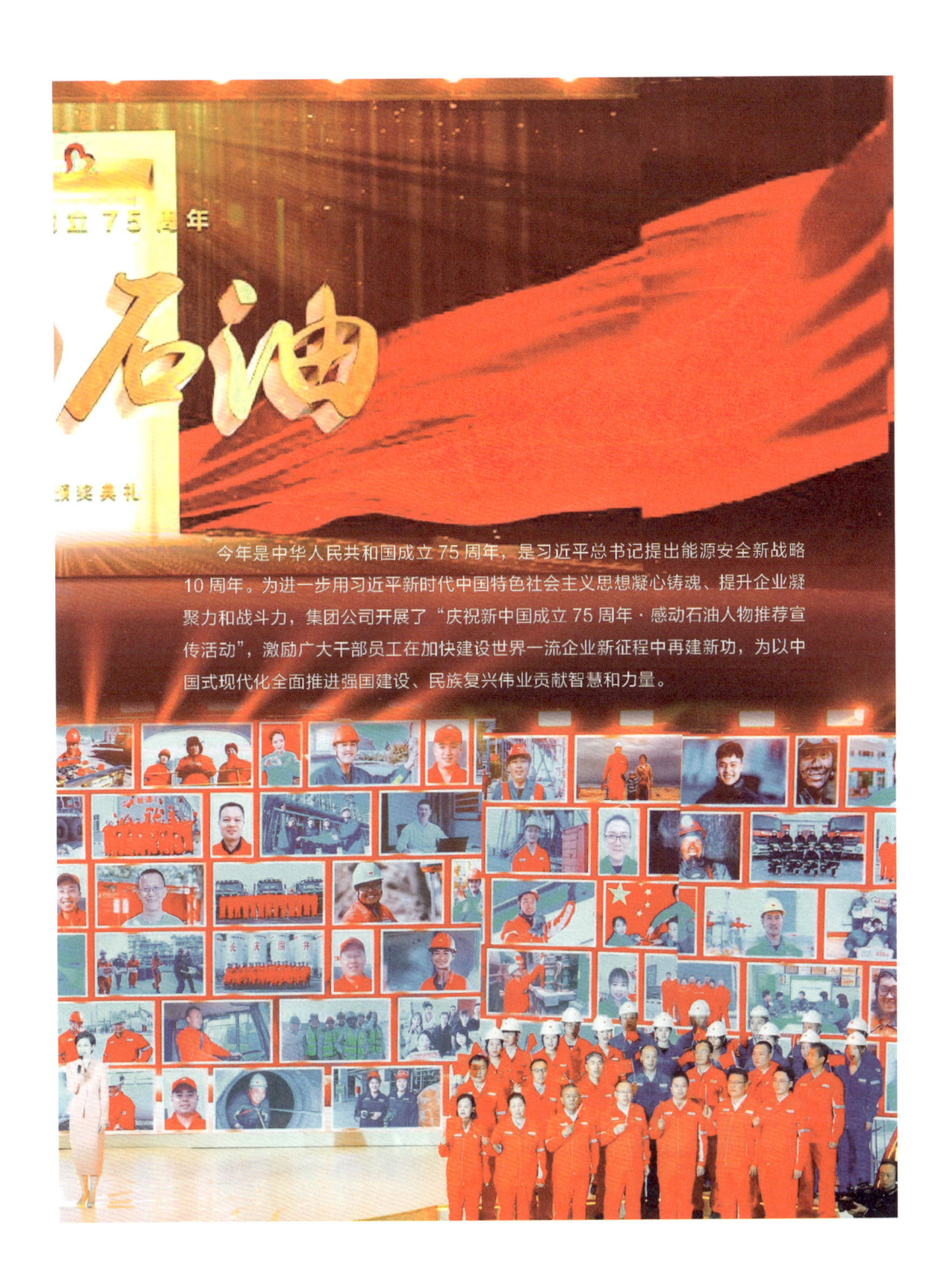

媒体报道

今年是中华人民共和国成立75周年，是习近平总书记提出能源安全新战略10周年。为进一步用习近平新时代中国特色社会主义思想凝心铸魂、提升企业凝聚力和战斗力，集团公司开展了"庆祝新中国成立75周年·感动石油人物推荐宣传活动"，激励广大干部员工在加快建设世界一流企业新征程中再建新功，为以中国式现代化全面推进强国建设、民族复兴伟业贡献智慧和力量。

## 第二届"感动石油人物"揭晓！

2024年，新中国迎来了75周年华诞。75年来，中国石油始终与祖国发展同频共振，为民族复兴加油鼓气，同人民福祉紧密相连，矢志当好能源保供"顶梁柱"。新时代新征程，百万石油人高擎旗帜，以习近平新时代中国特色社会主义思想为指导，深入学习贯彻党的二十大精神和党的二十届三中全会精神，进一步全面深化改革，加快奔向世界一流。在中国石油纪念日这个特殊的日子里，中国石油集团举办第二届"感动石油人物"颁奖典礼，礼赞平凡岗位上的追梦人，致敬为石油工业作出贡献的奋斗者，向新中国75周年华诞深情献礼。

第二届"感动石油人物"推荐宣传活动，从6月份启动以来，中国石油全媒体共展播，127名企业推荐候选人的事迹，组委会遴选出25个提名人选。经过7天，186万人次参与投票，由评委会评审并上报集团公司党组审定，最终产生了11位"感动石油人物"，3个"感动石油团队"。他们是百万石油人的杰出代表，是新时代的"奋斗者""实干家"，他们或在基层服务一线传递温暖，或在平凡的岗位上淬炼匠心，或在关键核心领域攻坚克难，或在国际舞台上展现中国力量。他们的故事，如同璀璨的星辰，照亮了我们前行的道路，激励着我们每一个人。今天，让我们一起，见证感动，传递力量！让我们一起，为这些新时代的追梦人点赞！第二届"感动石油人物"隆重揭晓，快来一睹他们的风采。

（王英妮　夏雨晴）

媒体报道

## 第二届"感动石油人物"揭晓！

中国石油报　中国石油报　2024年09月25日 20:18　北京

"庆祝新中国成立75周年·感动石油人物"推荐宣传活动

**七十五载报国路**
**我为祖国添光彩**

中国石油报　284

今年
新中国迎来了
**75周年华诞**
75年来
中国石油始终与祖国发展同频共振
为民族复兴加油鼓气

同人民福祉紧密相连
矢志当好能源保供"顶梁柱"

新时代新征程
百万石油人高擎旗帜
以习近平新时代
中国特色社会主义思想为指导
深入学习贯彻党的二十大精神
和二十届三中全会精神
进一步全面深化改革
加快奔向世界一流
在中国石油纪念日这个特殊的日子里
中国石油集团举办
**第二届"感动石油人物"颁奖典礼**
礼赞平凡岗位上的追梦人
致敬为石油工业作出贡献的奋斗者
向新中国75周年华诞深情献礼

庆祝新中国成立75周年
第二届 感动石油 人物颁奖典礼

中国石油报微信公众号文章
2024年9月25日

感动石油 2024

## 全面启动！第二届"感动石油人物"等您来发现！

原创 中国石油报 中国石油报
2024年06月04日 19:27 北京

"庆祝新中国成立75周年·感动石油人物"推荐宣传活动

"感动"润物无声，"感动"又充满力量
"感动石油人物"
是百万石油人的杰出代表
他们积蓄向上的力量
他们传递温暖和大爱
他们彰显人性的光芒
这个夏天
让我们与感动再次相约！

第二届"感动石油人物"推荐宣传活动是在中华人民共和国成立75周年，习近平总书记提出能源安全新战略10周年，也是中国石油集团实现"十四五"规划目标任务的关键一年开展的一项重要活动。此次活动与中国石油集团"转观念、勇创新、强管理、创一流"主题教育活动部署安排相结合，主题聚焦"汇聚磅礴力量，谱写时代华章"。

### 推选标准

以行业标杆、石油榜样、奋发向上、感动感人为标准推举"感动石油人物"候选人。

1. 传承石油精神和大庆精神铁人精神，为推动社会进步、产业发展尽职履责，带领广大干部职工顽强拼搏、团结奋进，优质高效完成生产经营各项工作任务的基层干部典型。

2. 忠诚企业、爱岗敬业、奋斗奉献，为企业发展作出重要贡献的一线员工典型。

3. 开展科技攻关和技术创新，勇攀科技高峰，取得重大成果和经济效益的基层科技人员典型。

4. 在海外项目上艰苦创业，为国争光，为油奉献的海外员工典型。

5. 以实际行动展现企业经济责任、政治责任和社会责任，为树立中国石油集团诚信、稳健、负责任大公司形象作出重要贡献的先进典型。

6. 孝老爱亲、热心公益、见义勇为、助人为乐，大力弘扬社会主义核心价值观的典型人物或集体。

7. 为中国石油事业发展和品牌形象作出突出贡献的员工家属、各界人士。

中国石油报微信公众号文章
2024年6月4日

媒体报道

## 第二届"感动石油人物"企业推荐候选人展播开始啦!

原创 中国石油报 中国石油报
2024年06月28日 22:09 北京

**庆祝新中国成立75周年·感动石油人物 推荐宣传活动**

2024年是中华人民共和国成立75周年,是习近平总书记提出能源安全新战略10周年,也是中国石油集团实现"十四五"规划目标任务的关键一年。为进一步用习近平新时代中国特色社会主义思想凝心铸魂、提升企业凝聚力和战斗力,团结引领百万石油员工牢记重大嘱托、当好标杆旗帜,在谱写新征程中踔厉奋发、勇毅前行,在全集团开展"庆祝新中国成立75周年·感动石油人物"推荐宣传活动(简称第二届"感动石油人物"推荐宣传活动)。

**即日起,我们就进入企业推荐的感动石油人物展播阶段啦。**在这一阶段,每期我们会推出10-20位候选人的事迹介绍,并开展投票互动,快快关注中国石油报微信公众号吧~选出打动你的TA们~**投票有效时间为推文刊发后的7日,投票可多选!**投票结果将作为下一阶段活动开展的参考。

您也可以提供稿件外的"独家感动线索",可在评论区留言,或者私信小编,一经采用将有机会获得100元加油电子充值卡哦~

**文末可以参与投票哦~
让我们一起传递感动吧!**

### 初心不改兴油梦 勇闯禁区擒油龙

**张金友** 大庆油田勘探开发研究院
页岩油研究部署项目经理部经理
松辽勘探研究室主任

**事迹简介**

从业15年,张金友一直致力于松辽盆地非常规油气勘探部署工作,带领团队创新建立陆相页岩油原位成藏地质理论,推动设立古龙页岩油国家级示范区。获得"全国五一劳动奖章""黑龙江省劳动模范"及大庆油田新时代"铁人式标兵"等荣誉,发表论文30余篇。

(点击了解详情)

中国石油报微信公众号文章
2024年6月28日

感动石油 2024

## 提名人选公布！第二届"感动石油人物"投票活动明日启动

原创 中国石油报 中国石油报
2024年08月05日 08:01 北京

中国石油集团"庆祝新中国成立75周年·感动石油人物"推荐宣传活动（简称第二届"感动石油人物"推荐宣传活动），自5月下旬启动后，组委会共收到113家单位选送的事迹材料。6月28日至8月3日，中国石油全媒体共展播了127名企业推荐候选人的事迹。与此同时，组委会成立评审组，认真审阅、严格遴选，综合参考展播阶段的投票情况，确定了本次活动的提名人选，包括20名个人和5个团队。

8月6日，就是明天
第二届"感动石油人物"推荐宣传活动
就将进入
提名人选的投票阶段
投票结果将作为评选的重要依据

先一睹他们的风采吧
↓↓↓

**提名人选（20名个人）**

中国石油报微信公众号文章
2024年8月5日

媒体报道

中国石油 ❁　　　　　　　　　　　　　　　　　　5759
9-25 17:12 来自 微博视频号

#第二届感动石油人物# | 永葆本色的石油伉俪 汪人锋、李冀 @吉林石化公司 中国石油的微博视频

中国石油 ❁　　　　　　　　　　　　　　　　　　8948
9-25 17:26 来自 微博视频号 已编辑

#第二届感动石油人物# | 星燿油海 王德民 @大庆油田 中国石油的微博视频

中国石油微博
2024 年 9 月 25 日

感动石油 2024

**中国石油** 　　　　　　　　　　　　　　　　　　5081 推广
9-26 08:54 来自 微博网页版

#油宝播报# 【中国石油第二届"感动石油人物"颁奖典礼举行】

9月25日，中国石油集团举办第二届"感动石油人物"颁奖典礼，礼赞每一位在平凡岗位上任劳任怨、默默付出的追梦人，致敬为石油工业作出贡献的奋斗者，向新中国75周年华诞深情献礼。集团公司董事长、党组书记戴厚良出席并致辞。

星光璀璨，... 展开

**中国石油** 　　　　　　　　　　　　　　　　　　4148 推广
9-26 19:00 来自 微博网页版

#石油印象# 凝聚感动力量 续写石油梦想——中国石油第二届"感动石油人物"颁奖典礼精彩瞬间#第二届感动石油人物#

中国石油微博
2024年9月26日

## 短视频报道
（短视频详见第一章各小节末尾）

332

## 媒体报道

### CNPC
Published by Mengjie Han
· 44m ·

🏆 On Sept 25, #CNPC held its second "Touching Petroleum Figures" event in Beijing, honoring exceptional individuals among our million #CNPCers!

😊 After a week of voting by 1.86 million participants, we recognized 10 outstanding individuals and 3 remarkable teams for their invaluable contributions. From pioneering researchers to dedicated oil craftsmen and compassionate fuel deliverers, these awardees truly inspire us all. Congratulations to all the winners! #CNPChero #CNPCspirit #EnergyPioneers

第二届"感动石油人物"
颁奖典礼在京举办
脸书（英语）报道

### CNPC
Published by Claire Li
· 17h ·

🏗 The 10,000-meter deep well team has triumphed over a series of world-class challenges, including successfully advancing China's first 10,000-meter exploration well – Shendi Take-1. The Shendi is the second onshore well in the world and the first in Asia to exceed 10,000 meters in vertical depth. Remarkably, they also set a record for the shortest drilling time for such depths.

💪 With the dedication of thousands of staff, they've made this groundbreaking achievement a reality, pushing through the "no man's land" of 9,000 meters. Let's celebrate their relentless spirit! #TouchingPetroleumFigure #PetroleumPioneer #CNPCExcellence #CNPChero

万米深井攻坚团队
脸书（英语）报道

| 333

感动石油 2024

**CNPC** @official_cnpc · 9 Oct
👩‍⚕️👨‍⚕️ Wang Renfeng and Li Ji, retired doctors from #CNPC, still offer medical help to their community, showing unwavering dedication even after 30 years. 🥰 #TouchingPetroleumPeople #CNPCService #CNPCExcellence

**Oil Couple**

💬　🔁 1　♡ 3　📊 132　🔖　📤

吉林石化汪人锋、李冀
X 平台（英语）报道

**CNPC** @official_cnpc · 30 Sep
👍 After losing his right thumb in 2005, Wang Shangdian, a machinist at #PetroChina Jinxi Petrochemical, underwent transplant surgery and trained his new digit, achieving 0.01 mm accuracy and becoming a national champion. Celebrate his inspiring spirit! #TouchingPetroleumFigures

**Wang Shangdian**
Latheman of Operation and Maintenance Center, PetroChina JinXi Petrochemical Company

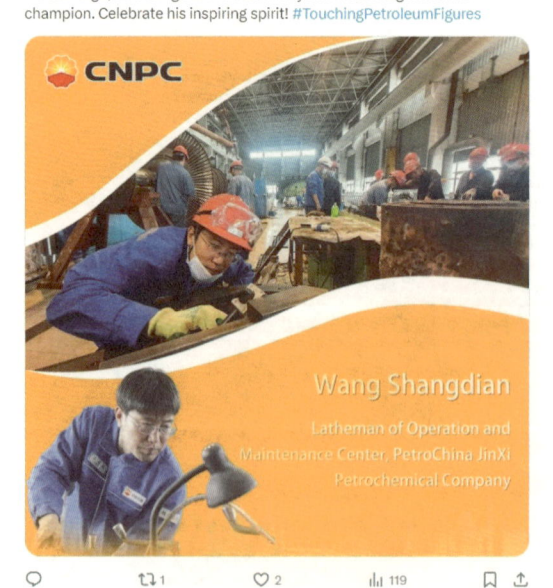

💬　🔁 1　♡ 2　📊 119　🔖　📤

锦西石化王尚典
X 平台（英语）报道

媒体报道

> **CNPC** ✓ @official_cnpc · 8 Oct
> 😎 Since 2002, Feng Jianxun of #PetroChina (Halfaya) has upheld top QHSE standards in regions like Niger and Iraq, ensuring safety, preventing accidents, and protecting the environment in challenging desert conditions over 22 years of dedicated service. 👏 #TouchingPetroleumFigure

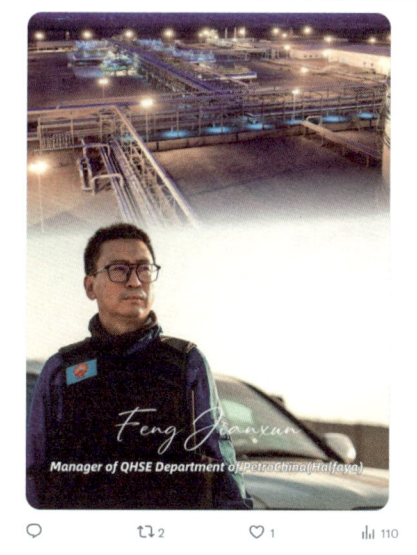

中国石油伊拉克哈法亚公司冯建勋 X 平台（英语）报道

> **CNPC Russian** @CNPCRussian · Oct 9
> 👷✨В этом году Сердар отмечает свое 16-летие в проекте «Амударья». Сердар является автором учебных материалов на русском языке и обучил 636 сотрудников, объединив китайскую и туркменскую культуры.
>
> 👍💪Вместе со своей командой он обеспечивает успех проекта Амударьи.

中国石油阿姆河公司谢尔达尔 X 平台（英语）报道

感动石油 2024

> **CNPC Russian**
> 9月27日
>
> 🌟 25 сентября Ван Дэминь, ведущий эксперт в области разработки нефтяных и газовых месторождений, был признан «трогательной нефтяной фигурой».
>
> 🚩 Ван является первопроходцем в области технологий послойной добычи и химического повышения нефтеотдачи в Китае. В свои 87 лет он по-прежнему посвящает около 12 часов в день развитию инновационных методов добычи нефти.

王德民院士
脸书（俄语）报道

> **CNPC Russian**
> 10月1日
>
> 🌟 Познакомьтесь с Ли Юйцзе, специалистом по тонкому сечению горных пород на Синьцзянском нефтяном месторождении #КННК.
>
> 🚩 Он полирует около 100 000 срезов горных пород до толщины 0,03 мм, помогая разведке нефти и газа и устанавливая отраслевые стандарты. Его работа могла бы облететь Землю 3,5 раза!

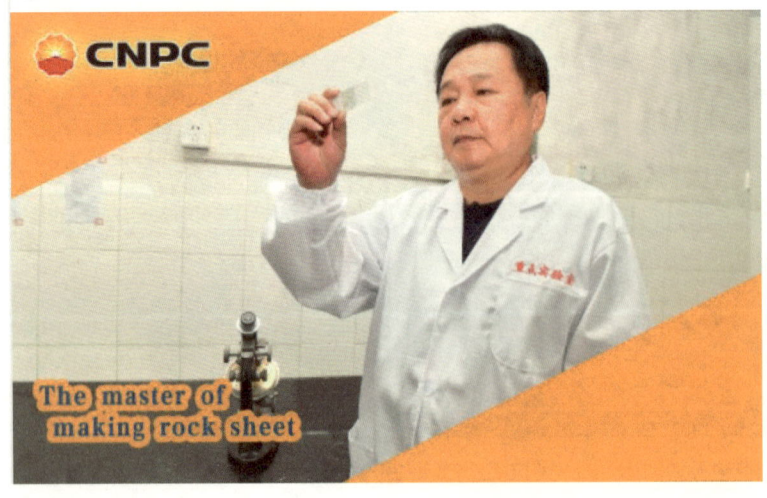

新疆油田李裕杰
脸书（俄语）报道

336

媒体报道

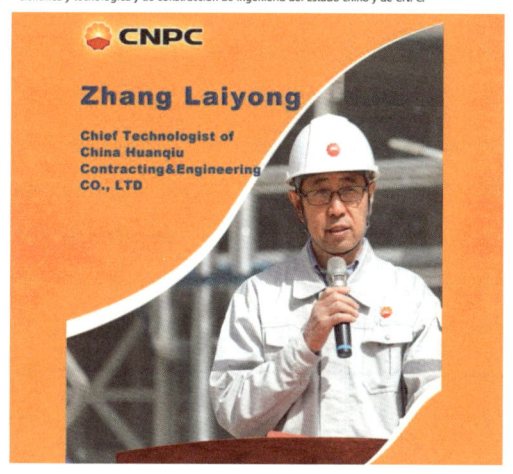

寰球工程张来勇
脸书（西班牙语）报道

西南油气田刘勇
脸书（西班牙语）报道

感动石油 2024

上海销售袁婷婷
脸书（西班牙语）报道

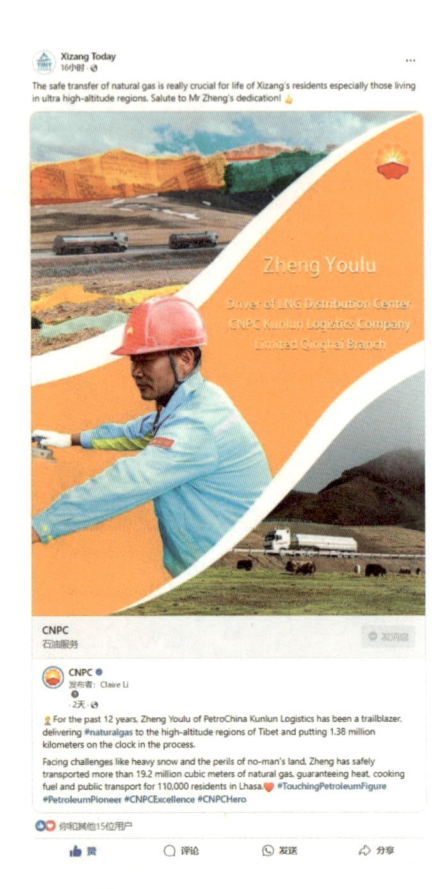

今日西藏脸书（英语）报道

媒体报道

石化院"POE 创新团队"
脸书（英语）报道，科协点赞评论

企业中国脸书（英语）报道

| 339

探索新疆脸书（英语）报道

探索新疆脸书（英语）报道

媒体报道

第二届"感动石油人物"冯建勋 CNPC worldwide 微信视频号报道

第二届"感动石油人物"谢尔达尔 CNPC worldwide 微信视频号报道

感动石油

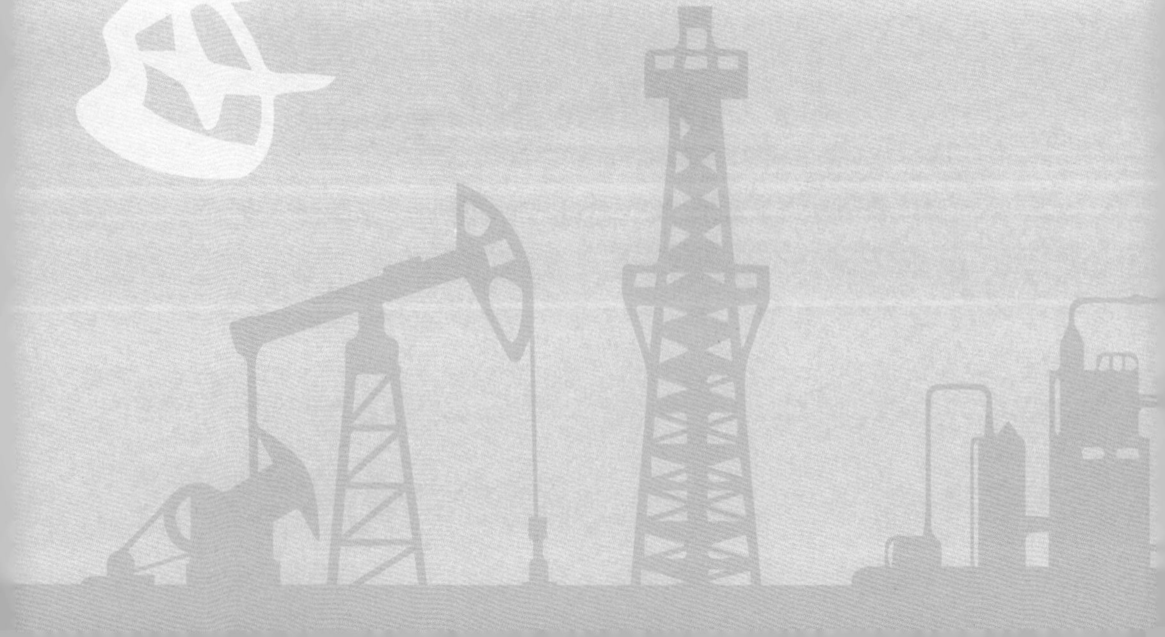

评论留言 2024

# 中央媒体记者留言

**中央广播电视总台张棉棉**：观看了第二届"感动石油人物"颁奖典礼，我心潮澎湃。一线石油人勤勤恳恳为祖国石油事业默默付出让我感动又触动，以王德民院士为代表的老一辈石油人无私奉献。他们数十年如一日地工作，毅然坚守在高原之上、戈壁之中，护繁华、守苍凉、忍孤寂……看到这些，我再次感受到这句话的意义："哪有什么岁月静好，只不过有人在替你负重前行！"石油人的敬业和奉献值得所有人点赞！是他们，牢牢守住了祖国的能源安全防线，让国家在迈向高质量发展的新征程上加速前行。向所有石油人致敬！

**工人日报王冬梅**：第二届"感动石油人物"颁奖典礼不仅是一场表彰大会，更是一次精神的洗礼。在现场，一个个动人的故事，一段段不凡的经历，展现了石油人的精神风貌和时代担当。我被他们那种无论环境多么艰苦，始终坚守岗位的精神、乐于奉献的光芒、勇于创新的智慧深深打动，深刻体会到了石油人的不易和伟大。石油精神在新时代被赋予新的内涵和活力，被一代又一代的石油人传承和发扬。石油人的坚守、奉献、创新和协作精神从未改变。这种精神的一脉相承和与时俱进，是石油行业生生不息的动力源泉。今天，向"感动石油人物"致敬，以榜样为光，为社会发展接续奋斗！

**新华网沈小康**：在第二届"感动石油人物"颁奖典礼现场，最令我感动的是看到在互联网上因颜值出圈的王德民院士，87岁高龄至今还在岗位上兢兢业业地工作。他说自己自律的唯一原因就是大庆油田还需要他，他想亲眼见证老油田再现青春。在现场，我还看到了来自大别山区的袁婷婷，作为最平凡的在沪务工人员，她用热情的服务为无数大车司机带来了家一般的温暖，作为和群众打交道最多的石油职工，她是中国石油品牌优质服务的典型。最让人激动的是，万米深井攻坚团队牢记嘱托加油干！他们深入塔里木沙漠腹地，让我想起去新疆开拓的初代石油工人，为祖国能源保供作出杰出贡献。适逢新中国成立75周年，向所有默默奉献的石油人致敬！

中国网张敏：第二届"感动石油人物"颁奖典礼现场时而掌声雷动，是对石油英雄们勇于挑战极限、矢志不渝攀登科技巅峰壮举的崇高敬意；时而静谧无声，是被他们坚守初心、无私奉献、舍弃"小我"成就"大我"的故事默默感动。其中，最触动我的是90多岁高龄的汪人锋和李冀夫妇的事迹。他们心怀崇高信仰，脚踏实地，在职业生涯中，默默耕耘于医疗一线，以精湛的医术和无私的爱心，为患者点亮生命的灯塔。离休后，他们又发挥余热，讲述党史的辉煌，用亲身经历激励着一代又一代人。这个奖项，他们值得！另一位令人肃然起敬的榜样是郑有录，作为首批挺进西藏执行天然气配送任务的驾驶员，他以非凡的毅力与卓越的技能，在"世界屋脊"驰骋了整整十二年，累计行驶里程高达138万公里，且保持零事故纪录。

光明网王潇：在第二届"感动石油人物"颁奖典礼现场，我仿佛身临其境，置身锦西石化的车间、沟壁陡立的好汉坡、险象环生的伊拉克……看到了一支支充满报国信念、勇于奉献的"石油铁军"，感受到了一颗颗赤诚的报国之心。加油员"蓝玫瑰"袁婷婷把加油站打造成了"城市会客厅"，来自新疆的岩石制片师李裕杰，磨过的岩片那么多以致指纹消失，87岁高龄的王德民院士仍然殚精竭虑在创新科研成果……从他们的身上，我看到了属于石油人的光芒，他们每个人都是英雄，值得敬仰和学习。

中国能源报记者吴莉：一个充满前景的国家必然需要有人担当先锋的角色。今天，我们看到了一群在平凡岗位上闪耀着不平凡光芒的普通石油人，他们用实际行动诠释了什么是"干一行，爱一行，精一行"的职业精神，诠释了什么是新时代的石油精神和大庆精神铁人精神。今天，我们从这些石油人身上读懂了中国能源家底日益丰实的"精神密码"，正是一代又一代的石油人，用坚守和智慧创造出一个又一个奇迹，为端牢端稳能源饭碗"加油增气"，才让我们在世界石油工业挺起大国脊梁。

# 现场观众留言

"天路送气人"郑有录的妻子吴生萍：今天，坐在颁奖典礼现场，我心中满是激动与感恩。我的丈夫荣获"感动石油人物"这一殊荣，我为他感到无比骄傲和自豪。他用自己的行动诠释着责任与担当，他是孩子们的榜样，言传身教教会他们做人的道理；他是我的依靠，在我遇到困难时，总是给予我最坚定的支持。他的努力和付出得到了同事们的认可和尊重。这样的荣誉，不仅仅是对他个人努力和奉献的认可，也是对我们整个家庭默默支持他的肯定。我将继续做好他的坚强后盾，让他义无反顾地投入到工作中，为石油事业作出新的更大贡献。

长庆油田薛帆：生命因温暖而有力量，人生因激励而勇毅向前。今天很荣幸来到颁奖典礼现场，见证石油人的感动故事。从"铁人工匠师"到"岩石磨砺人"，从"国外孤勇者"到"油站服务员"，从"夫妇志愿兵"到"长庆好汉坡"……每一位人物的坚韧、每一个团队的坚毅都值得我学习和致敬，都激励着我在立足岗位、尽职尽责中守初心、作贡献。

兰州石化冯作文："感动石油人物"是百万石油人的杰出代表。他们在平凡的岗位上唱响"我为祖国献石油"的主旋律，他们的故事令人感动，他们的品格令人敬佩。他们日夜劳作在自己的岗位上，为国家能源事业作出了巨大贡献。致敬！可爱的石油人！

上海销售庞若煜：每一位"感动石油人物"的事迹都让我无比感动，他们身上所体现的担当精神，鼓舞着身边更多的人，让同样作为一名石油人的我感到骄傲和自豪！同时，也激励着我担当新使命、展现新作为，为讲好石油故事贡献自己的力量。新时代，奋进新征程，让我们继续为爱加油！

# 网友留言

**活动留言板**

郝艺：石油人的年度精神史诗又来了！春华秋实，感动依然，这些经历，是感动，更是感召。让我们一起感受榜样的精神，致敬向上的力量！

致远：向"感动石油人物"学习，向他们致以崇高的敬礼。

徐秀澎：以"德"筑基，以"勇"立业；为国"建勋"，青史"有录"。百万石油人以你们为骄傲！我们更会以你们为榜样，传承新时代的石油精神和大庆精神铁人精神，共铸"宝石花"的荣光，谱写中国式现代化的石油篇章。

马聪：感动，是在别人的故事里找到自己的记忆。看到了多名基层石油人在平凡岗位上创造不平凡的经历，我的脑海里会闪现我和同事为了一个科研难题而鏖战的经历，也会想起在戈壁滩埋头苦干的新疆石油人。

小东：每一位扎根岗位努力工作的石油人都是可爱可敬的。无论我们在哪里，干什么工作，只要我们安下心、扎下根，将自己人生的"石头"打磨好，勇敢攀登每一道"好汉坡"，我们一定会找到自己的价值，我们中国石油一定会建设得越来越好！

云帆："感动石油人物"虽然大多来自中国石油一线最平凡的岗位，却如同"宝石花"一般熠熠生辉。他们是中国力量的最好体现。他们带给我的感动，不仅仅是夺眶的泪水，更是对他们由衷的敬佩和我前行的动力。

感动石油2024

景若恒：数十年如一日，他们用青春演绎奉献，用行动诠释担当，用奋斗书写着新时代石油人能源报国的执着与信念。这种感动，温暖着我，也鼓舞着我。感动石油，是感动，更是感召，激励着我们立足岗位，向下扎根、向上成长，把奋斗的印迹烙刻在自己的石油长征路上。

## 王德民留言板

晓萍暮荷：王启民，王德民，双星闪耀。从铁人王进喜开始，中国石油从来不缺先进人物，从来不缺拼搏精神，他们一直在披荆斩棘的道路上勇往直前！

CHW：王德民老了也是王德民帅！

你我同行：我辈的楷模，偶像！学习的榜样！向您致敬！

偶是张先生：这才是最帅的人！也是当代年轻人的榜样！作为一名大庆人、一名石油人，感谢王老为我们这座石油之城的付出，祝愿王老身体健康，诸事皆顺！

Ing：一个帅了一辈子的人。

## 王尚典留言板

幸福常伴：锦西炼化人的骄傲！

洱：王尚典身上那种不怕困难、坚持不懈的精神，让同样作为一名石油人的我感到骄傲和自豪！

Haoguwuzhu：向"断指铁人"学习，弘扬爱岗敬业、刻苦钻研、勇攀高峰精神！

厚德载物：尚典荣誉加身不忘本，石油精神永传颂，是我辈之楷模，为他点赞！

狒你莫属：奋发向前的脚步永不停歇，荣获先进只是新的起点。

如意：锦西石化人的骄傲，维运中心的楷模，真心为他感到高兴！

东北雪飘飘：听到王尚典说"石油工人都长着铁人的骨头！"这句话时，感觉到热血沸腾，铿锵有力的话语激励着大家奋进，希望企业发展得越来越好！

### 李裕杰留言板

白水：李师傅诠释了"干一行、爱一行、精一行"的深刻内涵，他的精神将永远激励着后来者，在各自的岗位上不断追求卓越、勇于创新，为祖国的能源事业和科技进步贡献自己的力量。

Chris C：他让我意识到，无论身处何种岗位，只要我们能够坚守初心，勇于担当，就能够在自己的领域内发光发热。

泾河滩的石头：李师傅在领奖台上说他觉得手里的石头是热的，这话一下子触动了我。是心怀热爱的他，温暖了原本冰冷的石头。

立夏：我们不歌颂苦难，我们歌颂的是在苦难中仍然认真努力的热气腾腾的灵魂！

杏仁苏：岩石制片师或许是一个小众职业，但李师傅向我们证明，每一个行业都有其不可或缺的价值。正如那一张张薄薄的岩片，它们虽然不起眼，却能照亮能源事业的未来，开启光明的新天地。李裕杰用他的匠心和毅力，为我们展示了一名普通工作者如何以卓越的专业技能和高尚的职业道德，为社会的进步贡献自己的力量。

慕婷婷：在普通的岗位上干着枯燥的工作，该怎样度过漫长的职业生涯？我通过李师傅的事迹找到了答案：诚心以待、精心雕琢、恒心坚守。

本色李爱华：匠心独具，无人能比，精兵强将是人才！工匠精神永流传。

## 刘勇留言板

**木子随风行走**：看了直播，感受到了石油人的精神伟力，受到很大鼓舞，作为石油青年要向刘勇学习，经受历练，不断学习进步，才能实现价值。

**向云端**："感动石油人物"颁奖典礼中，刘勇的事迹尤为触动我。我坚信，只要有坚定的信念和不懈的努力，就没有克服不了的困难。

**春天花会开**：在刘勇身上，我看到了坚持与热爱的力量。他用实际行动告诉我们，无论面对多大的困难，只要心中有梦，脚下就有路。致敬，石油英雄！

**四季如歌**：看完颁奖典礼，泪目了好几次。刘勇和其他感动石油人物的事迹，是真正的平凡中的伟大，他们用实际行动诠释了什么是责任与担当！

**顺心顺意**：为刘勇点赞！他不仅是西南油气田的骄傲，更是我们所有石油人的楷模。他的坚持和创新，激励着我们在各自的岗位上不断前行。

**莫小莫**：真不容易啊，在这么多困难和挑战面前，刘勇和他的同事还能取得这样的成绩，希望以后能有更多更大的突破。

## 张来勇留言板

**Hugo**：寰球工程，永筑成功！

**路在脚下**：水滴石穿，非一日之功！点赞！

**刘东海**：从祖国的需要出发，锻造精品工程，为民造福。开拓创新，锐意进取，把敬业奉献融入血脉。

**渡渡鸟在邛崃煮酒**：国家化学工业的进步离不开一代又一代的勤奋朴实化工人的辛勤耕耘和无私奉献。

黑太郎666：首届国家卓越工程师，为你点赞。

朝霞：榜样的力量是巨大的。

风中有些动静：为中国寰球的"首届国家卓越工程师"张来勇点赞！

小李：榜样！楷模！值得学习！

智峰：国家及行业的骄傲。

### 石化院"POE创新团队"留言板

铁锤：感谢POE创新团队，你们不仅为团队争光，更激励着我们每一个人勇往直前，追求更高的目标！

风光无限：在POE创新团队的引领下，我们见证了创新的魅力与力量。这份荣誉属于你们，也激励着我们在各自的岗位上不断突破，共同为石油行业的美好未来努力！

大风分：POE创新团队获评第二届"感动石油人物"，是实力的证明，更是精神的鼓舞。感谢你们的努力与坚持，让我们看到了无限可能，也激发了我们的奋斗热情！

梦里花落知多少：感谢POE创新团队为我们树立了榜样！你们的荣誉不仅是个人的骄傲，更是整个团队的骄傲。愿这份荣誉成为我们共同前行的动力，携手创造更多辉煌！

红色军团：POE创新团队的成就令人瞩目，获此荣誉实至名归。你们的创新精神与奋斗精神，激励着我们不断前行，为石油行业的创新发展贡献自己的力量！

蓝色战队：POE创新团队是由有着经验优势与钻研精神的科研工程师精英组成，团队成员同心协力，勇于担当，拥有无比的凝聚力和合作精神，突破层层技术壁垒，如同冲锋作战的军团。

## 万米深井攻坚团队留言板

空火：

——致万米深井攻坚团队

蘸取黄沙画锦绣，志在万里未可休。

山川不语藏瑰宝，铁骨铮铮岁月稠。

星海阔，覆春秋。

青灯举火是夜白，共邀珠峰凌云游。

周建玲：遇到没遇到的难，干了千难万难的事，深地塔科1井在沙海腹地刷新"中国深度"，千难万险，向深而行。

太阳神：万米，太难，不容易，值得祝贺！

鸭_：作为同行人，真诚地道一声：各位辛苦了！一线所有人员都会在世界石油勘探史留下浓墨重彩的一笔。

铁柱：太不容易了，想着都难，你们创造了中国钻探的最大深度，期待取得更好的成绩。

西南油气田 陈南蓉：

——敬诗中油万米深地科勘

为你

我跋涉在柴达木的风雪，

深入塔克拉玛的戈壁滩。
我孤身前往莽莽昆仑山，
追寻万米深邃地心黑暗。

为你
我披肝沥胆超深层探索，
在震旦系南华系的深渊。
我探索之征途异常艰险，
浩如烟海静默地底万米。

为你
我想超越平庸小我凡俗，
开拓科勘能源极致伟岸。
我想挺起油人铁之脊梁，
突破重围自信自立刚健。

为你
我承受无法言语的孤勇，
在地心飞蛾破茧穿越光。
我开路探索求知求索星，
星耀中国石油英勇奋战！

幸福时光：在石油钻井行业拼搏十多年，尤其是在新疆塔里木钻探山前超深井，那段经历是我这个石油临时工的高光时刻。

Xingyunliushui：石油人理解的苦和难及压力在这里都遇到了，希望顺利完钻创造中国石油人的辉煌。

## 感动石油 2024

### 郑有录留言板

天道自成：石油人的好榜样！

阳光：铁人精神，我的好榜样！

雷哥：石油人的奉献精神，你是我们的榜样。

JACKYCYN：郑有录的回答简单却道出了很多石油人的心声。

Dark_Matter_Taipei：希望石油人的奉献精神能感染更多人，传播正能量。

chiayin 馥：郑有录的工作让藏族同胞的生活质量得到提升，功德无量。

我是我的小娟娟_154：中国石油在高质量发展道路上还会创造更多辉煌。

猛虎佛跳墙：郑有录荣获"感动石油人物"实至名归，他的故事很感人。

大三03708：郑有录的选择体现了他对中国石油的信任和热爱。

### 袁婷婷留言板

君：上海销售袁婷婷是最好的榜样！

知否：最好的榜样！

小毳：她的担当和奉献，似一盏明灯照亮我们新一代青年前进的方向，用石油"蓝玫瑰"的芳香感染着新一代石油青年，让我们有楷模学习、有精神传承，我为加入中国石油这个优秀的大家庭而感到骄傲。

Gloria_玥玥：袁婷婷的事迹深深触动了我，"苔花如米小，也学牡丹开"。袁婷婷将一个普通的加油站打造成"城市会客厅"，用"三心"服务温暖了无数在外奔波的劳动者。"心之所安，行之所至"，袁婷婷用实际行动诠释了石油人的责任与担当，让嘉定第四加油站成为上海市的"最美服务窗口"。

晓萍暮荷：励志榜样，销售模范，爱民典范。难以望其项背，自愧不如但引以为豪。

开心：好样的，值得表扬，学习！

善籽_63：来自上海销售的袁婷婷同志以及其他扎根基层的优秀同志，在平凡的岗位上一步一个脚印，真心实意为客户服务。"世上无小事，只怕有心人"，他们身上的认真、细致、专注、耐心汇聚成了今天的荣耀。

## 冯建勋留言板

he yan hui：海外挥洒青春，建勋立业为大家！

海阔天空：在尼日尔一起奋斗过的战士。

曹民权 Daniel：建勋是我们 HSE 战线的骄傲！工作颇有建树，敢称海外功勋！

郝艺：青春献海外，建功做卫士。

召唤：海外大庆的功臣！

雅：向海外石油人致敬！我爱人也在中东地区工作了十年，作为他们的家属，我们应当在后方全力支持，让他们安心工作！

其实我有一个帽衫：喜欢冯经理说的这句话：高高兴兴上班，平平安安回家。感谢有他守护海外石油人！

四喜丸子：工作中的冯建勋是铁血硬汉，生活中却是极其细致温和的，同事们对他的评价都特别高。希望他在伊拉克一切顺利，保护好他人，更要保护好自己！

胶河澄月：看了冯经理的故事，我很有共鸣。当年在伊拉克施工球罐的时候，晚上能看到炮弹喷着火舌飞过营地。石油人头戴铝盔走天涯，这种艰辛许多人不懂。

Li Deli：向中国石油海外的兄弟姐妹们致以崇高的敬意，祝你们健康！平安！

一树花开：从无到有、从小到大，中国石油的海外之路步履坚实。我想说：青春做伴，不负韶华，扎根海外，我们无怨无悔！

## 谢尔达尔留言板

林梦先生：矢志不渝的追求，永不满足的探索，为海外石油事业燃烧自己，为国家的发展砥砺前行，为你点赞。

天涯明月：铁骨铮铮石油魂，每一滴石油都凝结着您的汗水和努力。

铁锤：每一滴汗水，都是承诺的兑现，你以不懈奋斗和努力，书写石油人的传奇。

依然潇洒：在那片油海中，您如灯塔般矗立，光芒万丈，照亮前行的道路。

Aziz：为 CNPC 海外石油人点赞！

## 汪人锋、李冀留言板

博文：从硝烟弥漫的战场到"救死扶伤"的神圣之地，吉林石化汪人锋和妻子李冀不忘初心、牢记使命，对党无限忠诚、对祖国无比热爱、对人民无尽深情，投身中国石油化工事业，克己奉公，无私奉献，甘之如饴，归于欢喜。

房忠兴：老革命热爱党，我们的好榜样。做人要做革命人！

^_^超^_^：革命的战友，一生的伴侣，一样的信念，一样的追求，跟着党、热爱党，忠诚于党。向革命前辈学习。

郑洪峰：无私奉献，克己奉公，是我们学习的榜样！

# 评论留言

李孟桐：鞠躬尽瘁的一生。

潇远：非常感人，展现了共产党员的家国情怀！向老一辈无私奉献的老党员致敬，向汪大爷、大娘学习！

强宝倒着念：我们记者采访过这两位老人，被他们的事迹深深感动着。

空谷玉幽兰：汪人锋和李冀二老的事迹，如同一部生动且感人至深的英雄史诗。在抗美援朝的战火中舍生忘死，以无畏的勇气和坚定的信念捍卫国家尊严，践行共产党员的铮铮誓言。他们退而不休，以美化小区、开展爱国主义教育的实际行动，传递着正能量，为社会的发展贡献着自己的力量。

雯：致敬汪人锋、李冀夫妇，两位耄耋之年的英雄，用一生践行共产党人的初心与使命。他们不仅是历史的见证者，更是新时代的楷模。

## 长庆油田"好汉坡"团队留言板

小火炉：2010年还在西安石油的时候曾跟随学校的暑期实践团到访过好汉坡，至今记忆犹新。2011年生产实习也是在长庆采油三厂进行的。长庆人，了不起！

宁馨儿：感动463级台阶上青春坚守的时代印记，感动70度陡坡上赓续传承的精神薪火。那些好汉的故事、好汉的歌，穿透厚重的黄土地，镌刻新的丰碑，在油海洪流中，每个人都了不起！

橘香：在好汉坡工作几十年，那时的艰辛与守护成了此时珍贵的回忆。

粟军安：我一直在好汉坡中心站，石油人精神文明建设永远传承下去。

冷若冰雪：长庆油田的事业蒸蒸日上，竹子开花节节高！

附录一　　　　　　现场花絮

戴厚良、侯启军与第二届"感动石油人物"获奖个人及团队代表亲切交谈

"感动石油人物"获奖个人及团队代表合影

戴厚良为"感动石油人物"王德民院士颁奖

"感动石油人物"李裕杰、王尚典

"感动石油人物"张来勇、刘勇

"感动石油人物"袁婷婷、郑有录

货车司机李剑专程从上海来到现场，祝贺袁婷婷获奖

主持人与获奖代表冯建勋、谢尔达尔互动

石化院"POE 创新团队"、万米深井攻坚团队

万米深井攻坚团队代表现场演唱《万米之巅》

吉林石化汪人锋、李冀夫妇为颁奖典礼录制的视频在现场播放

长庆油田"好汉坡"团队，吉林石化汪人锋、李冀夫妇代领奖人王冬梅

走下颁奖舞台的王德民院士成为现场观众心里最亮的明星

"感动石油"项目组马莹莹采访王德民院士

李裕杰接受中国石油报社记者采访

郑有录和妻子吴生萍接受中国石油报社记者采访

中国石油报社记者赵文璇报道颁奖典礼准备情况

袁婷婷与"感动石油"项目组王源合影

王尚典与"感动石油"项目组周小霞、范绪婕、王佳合影

"感动石油人物"所在单位代表、部分企业代表出席颁奖典礼

观众被"感动石油人物"的事迹深深打动，郑有录妻子吴生萍泪洒现场

颁奖典礼开场歌曲《我和我的祖国》领唱女孩张语恬在彩排间隙作画

颁奖典礼倒计时

中国石油报社直播团队严阵以待

颁奖典礼结束后全场起立合唱《歌唱祖国》

颁奖典礼现场图片摄影：张旭、金添、常正乐、吕殿杰。

本书资料图片由感动石油人物及其所在单位、中国石油报社记者提供。

# 附录二　歌曲《万米之巅》

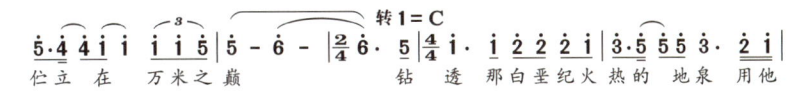

## 万　米　之　巅

作词：海韵
作曲：松洋

$1=\flat B$　$\frac{4}{4}$
♩=70

0 0 0 5 6 | 1· 3 2 3 2 3 | 1 — — 5 6 | 1 1 3 3· 5 5 3 | 5 — — 5 6 5 | 1· 1 1 — 5 5 6 |
每当我　望向红柳艳阳　我便感慨你万里无疆　大漠的孤烟　亘古的

5· 3 3 — 3 3 5 | 2 2 3 2· 1 1 5 | 5 5 5 — 5 6 | 1· 3 2 3 2 3 | 1 — — 5 6 |
荒原　伴着我的信念一往无前　每当我　望向漫天星辰　我知

1 1 3 3 3· 5 5 3 | 5 — — 5 6 5 | 1· 1 1 — 5 5 6 | 5 5 6 5 3· 0 3 5 | 2 2 3 2· 2 2 1 |
道那是你点亮的灯　铁人的部下　守着塔河的月圆　就是为了和你一起把

5 — — 0 3 3 | 2· 1 1 6 1 — | $\frac{2}{4}$ 0· 5 | $\frac{4}{4}$ 1· 1 2 2 1 | 3· 5 5 3 3· 2 1 |
根　　扎进万米的深　　钻　透那白垩纪火热的地泉用他

2 2 2 3· 6 5 6 5 6 | 5 3 3 — 0 5 | 1 1 1 1 2 2 6 6 | 5 3 2 3· 1 | 2 — 2 2 2 |
洗礼我们身上沾染的风雪　探秘地球前传我们在塔科壹　走向　新的纪

3 — — 0 5 | 1 1 1 1 2 2· 5 6 | 3 5 3· 2 1 | 2 2 1 6 5 3 5 | 3 — — 0 5 |
元　当遇见侏罗纪的岁月流转　我们书写了世界传奇　当

1· 1 1 2 2 6 6 | 5· 3 3 5 3· 2 1 | 2 2 2 3· 2 2 1 | 1 — — 0 1 | 2 2 2· 3· |
气出天山带给万家温暖　我们的欢乐才最灿烂　只有荒凉的沙

1 — — 0 1 | 2 2 2· 4 3· 5 | — — 0 2 1 | 2 2 2 0 4 5 6 | 5· 2 3 — 0 5 5 |
漠　没有荒凉的人生　我们伫立在　万米之巅　我们

5· 4 4 1 1 1 1 5 — 6 — | $\frac{2}{4}$ 6· 5 | 转 $1=C$　$\frac{4}{4}$ 1· 1 2 2 1 | 3· 5 5 3 3· 2 1 |
伫立在　万米之巅　　　　　钻　透那白垩纪火热的地泉用他

2 2 2 3· 6 5 6 5 6 | 5· 3 3 — 0 5 | 1 1 1 1 2 2 6 6 | 5 3 2 3 0 1 | 2 — 3· 3 3 2 |
洗礼我们身上沾染的风雪　探秘地球前传我们在塔科壹　走向　新的纪

1 — — 0 1 | 2 — 3· 3 | 0 2 1 1 — 1 — — ‖
元　　走向　新的　　纪元

扫一扫观看收听
歌曲《万米之巅》

# 附录三　　优秀组织单位

天然气销售公司（昆仑能源有限公司）

中国石油国际勘探开发有限公司

中国石油国际事业有限公司

大庆油田公司

辽河油田公司

长庆油田公司

塔里木油田公司

新疆油田公司

西南油气田公司

吉林油田公司

煤层气有限责任公司

中石油阿姆河天然气勘探开发（北京）有限公司

中国石油（伊拉克）哈法亚公司

吉林石化公司

兰州石化公司

乌鲁木齐石化公司

锦西石化公司

上海销售公司

青海销售公司

新疆销售公司

石油化工研究院

渤海钻探公司

川庆钻探公司

东方地球物理勘探有限责任公司

管道局工程有限公司

工程建设有限公司

中国寰球工程有限公司

宝鸡石油机械有限责任公司

工程技术研究院有限公司

昆仑物流有限公司

## 附录四　他们这一年
## ——首届"感动石油人物"回顾

这一年,首届"感动石油人物"带着感动继续出发,不断突破自我,在各自的岗位上演绎新的精彩和传奇。这一年,他们的变化不仅是自身成长与进步的体现,更是石油精神和大庆精神铁人精神在新时代下传承、发扬与创新的生动写照。他们将感动化为眼中的光、心中的热感召更多人,抵达更远的远方。他们在平凡岗位所做的不平凡的事,在每个石油人的心里都留下了深深的烙印。

回顾77年的石油勘探开发工作,我给年轻人三点建议。第一,要有实事求是的科学态度。坚持真理、独立思考,是一个科学家应有的品质。第二,要重视第一手资料。勘探工作所取得的各种地质和地球物理信息,都要通过信息采集和石油地质学家的综合分析及推理来认识。第三,要不忘初心、继续前进。当下是能源发展多元化的时代,要实现生态目标,当务之急,应该设立专门的新能源系科和院校,来培养年轻的下一代。

勘探开发研究院石油地质学家、中国科学院院士　李德生站在领奖台上，我穿着红工服感到无比自豪。因为我身上的红是石油的"红"，是大庆的"红"，是石油工人心向党的"红"。这套工服我要穿一辈子，这个"红"我要在心里印一辈子！

大庆油田第二采油厂第六作业区采油 48 队采油班长　　刘　丽

什么是幸福？受人尊重、被人信任就是最大的幸福。吉林石化培养了我，我在这里实现了人生价值，我感到很幸福。我哪儿也不去，就在这里，用我的所学回报企业。

吉林石化公司新材料高级专家　　陆书来

研究石头，只有深钻进去，才能看到别样的景致。

长庆油田勘探开发研究院分析实验中心副主任　　杨伟伟

我对女儿还有一丝愧疚。我女儿到了西藏以后，去了拉萨，穿上了藏族同胞的服装，走在拉萨街头，感受到了藏族同胞的喜悦。他们用上了我们送的天然气，有了集中供暖，他们冬天再也不冷了，心也暖了。

天然气销售青海分公司西藏项目公司经理　　关顺伟

说不怕是假的。在血与火、生与死的终极考验前,我们都怕。但我们就是干这个的,这就是我们的责任。

川庆钻探井控应急救援响应中心主任、党委书记　罗　园

帮人、救人这类事在我们的油田有很多。在石油文化、石油精神的熏陶下,我们养成了一种集体意识:做人就应该做好人,就应该为他人和社会多作贡献。见义必为,是石油人的共识。

塔里木油田公司英买采油气管理区英潜采油作业区员工<br>艾斯卡尔·艾山

郑晓丽:我觉得最浪漫的事,应该是我陪他一起去塔里木,一起读万卷书行万里路,一起实现我们的梦想。

东方物探公司塔里木物探研究院院长　赵　博<br>东方物探公司研究院二级工程师　郑晓丽

我是从内蒙古农村走出来的,虽然做了30多年油田工人,但骨子里对农村和农民有着天然的亲切感。我今年已经58岁了,退休前的700多天,就交给村里了。陪着乡亲们在乡村振兴路上再走一段,看着他们过上好日子,就是我最大的心愿。

华北油田通信公司副经理、河北省保定市唐县北店头乡马庄村<br>乡村振兴工作队队长、村党支部第一书记　于晨光

有事还是要找老颜，要是老颜完不成的事，再去找隔壁的亲戚朋友，实在无奈的情况下，再找我们的领导帮忙。

青海销售格尔木分公司玉珠峰加油站经理　颜世秀

作为大庆精神铁人精神的传承者，我们始终坚持一个信念，在油气主业，中国石油是工业领域当之无愧的一面旗帜，而后勤领域的我们也毫不逊色。在北京冬奥会舞台上，华油集团用实际行动和优异的表现向世界交出了一份漂亮的中国方案。如果还有机会，我们将时刻准备，尽锐出战，夺取新的胜利。

华油阳光冬奥服务团队
领奖代表：杨金峰　陈德华　张海峰
　　　　　王晓峰　严　莉　孙　军

我们山东临沂是革命老区，在抗战时期，我们沂蒙山区的人民，也就是我们的爷爷奶奶那一辈，他们在抗战期间为部队送弹药、运粮草、做军鞋、摊煎饼。他们在做这些事情的时候，也没有想到困难，只是将他们自己能做的一直坚持做下去。到了我们这一辈，因为我们是从小听这些故事长大的，所以在工作当中，我们在做好自己工作的同时，利用休息的时间来帮助我们的张姐、余哥。同时，我们是中国石油的员工，我们加油站也是服务窗口行业，来做公益活动，也是我们应该尽的一份社会责任。

"沂蒙六姐妹"

宋　涛　徐金香　杨春笑

孙春艳　骆运慧　张　敏

---

广东石化就是装着中国心、拥有超级大脑的超级炼油航母。更重要的是，我们有所有广东石化石油人无私的奉献做底。所以我们广东石化的未来——未来可期！

广东石化建设者

领奖代表：武生祥　广东石化　　王　华　昆仑数智

孙长庚　寰球工程　　丰存礼　昆仑工程

魏春涛　工程建设　　王君达　大庆石化

首届"感动石油人物"
回顾短片

## 附录五　历届"感动石油人物"名录、历届"感动石油人物"提名人选名录

### 第一届"感动石油人物"名录

**李德生**　勘探开发研究院石油地质学家、中国科学院院士

**刘　丽**　大庆油田第二采油厂第六作业区采油48队采油班长

**陆书来**　吉林石化公司新材料高级专家

**杨伟伟**　长庆油田勘探开发研究院分析实验中心副主任

**关顺伟**　天然气销售青海分公司西藏项目公司经理

**罗　园**　川庆钻探井控应急救援响应中心主任、党委书记

**艾斯卡尔·艾山**　塔里木油田公司英买采油气管理区英潜采油作业区员工

**赵　博、郑晓丽**

**赵　博**　东方物探公司塔里木物探研究院院长

**郑晓丽**　东方物探公司研究院二级工程师

**于晨光**　华北油田通信公司副经理、河北省保定市唐县北店头乡马庄村乡村振兴工作队队长、村党支部第一书记

**颜世秀**　青海销售格尔木分公司玉珠峰加油站经理

**华油阳光冬奥服务团队**

领奖代表：

杨金峰　陈德华　张海峰　王晓峰　严　莉　孙　军

**"沂蒙六姐妹"**

宋　涛　徐金香　杨春笑　孙春艳　骆运慧　张　敏

**广东石化建设者**

领奖代表：

武生祥　广东石化　　　　王　华　昆仑数智

孙长庚　寰球工程　　　　丰存礼　昆仑工程

魏春涛　工程建设　　　　王君达　大庆石化

## 第一届"感动石油人物"提名人选名录

| 陈怀龙 | 中石油阿姆河天然气勘探开发（北京）有限公司董事长 |
|---|---|
| 夏　辉 | 宝鸡石油机械有限责任公司国研中心智能所高级工程师 |
| 荣　征 | 大连石化公司第二联合车间 350 万吨 / 年重油催化裂化装置一班备员 |
| 薛　魁 | 独山子石化公司乙烯一部技能专家 |
| 刁克剑 | 抚顺石化工程建设有限公司信息技术研发中心主任 |
| 乔　磊 | 工程技术研究院非常规所副所长、大庆项目部经理 |
| 牛连山 | 管道科学研究院有限公司管道施工装备与非开挖技术中心首席技师 |
| 王坚强 | 北京石油管理干部学院首席教授 |
| 程　霞 | 昆仑银行乌鲁木齐分行党委书记、行长 |
| 管东红 | 兰州石化公司橡胶运行部丁苯区域工人 |
| 赵奇峰 | 辽河油田公司欢喜岭采油厂采油作业三区齐 5 站采油工 |
| 陈　颖 | 辽阳石化公司新材料（高端材料）高级专家 |
| 袁婷婷 | 上海销售公司宝嘉分公司嘉定南区党支部书记、嘉定第四加油站经理 |
| 米才高 | 四川销售储运分公司 104 油库检维修岗高级技师 |
| 谭文波 | 西部钻探公司试油公司新技术推广分公司井下作业工具工 |
| 周　理 | 西南油气田公司天然气研究院总工程师 |

肉孜麦麦提·巴克　新疆油田重油开发公司采油作业五区 肉孜麦麦提·巴克班班长

刘春杰　玉门油田生产服务保障中心采油队现场技术管理组组长、采油班长

郑有录　运输公司青海分公司 LNG 配送中心驾驶员

谢小丽　中油测井辽河分公司女子装炮队队长


国际事业美洲公司

俄罗斯北极公司 LNG 开拓团队

尼罗河公司"苏丹港坚守组"

## 第二届"感动石油人物"名录

王德民　中国工程院院士、大庆油田杰出高级专家

王尚典　锦西石化维运中心车工

李裕杰　新疆油田实验检测研究院岩石制片师

刘　勇　西南油气田气田开发管理部主任

张来勇　中国寰球工程有限公司首席技术专家

郑有录　昆仑物流青海分公司 LNG 配送中心驾驶员

袁婷婷　上海销售沪西分公司经理助理、嘉定党支部书记、

　　　　嘉定第四加油站经理

冯建勋　中国石油（伊拉克）哈法亚公司 QHSE 部（安保部）经理

萨帕尔加尔德夫·谢尔达尔·阿玛诺维奇

　　　　中国石油阿姆河公司生产经营管理部副经理

汪人锋、李　冀

汪人锋　吉林石化（原吉林化学工业公司）卫生处医政科主管医师、

　　　　副科长（离休）

李　冀　吉林石化（原吉林化学工业公司）职工医院儿科主治医师、

　　　　副主任医师（离休）

### 长庆油田"好汉坡"团队

领奖代表：

梁 冬　陈 雷　崔新花　龙小凤　康 帅　于万昊

### 万米深井攻坚团队

领奖代表：

| 王春生 | 塔里木油田 | 林 楠 | 西部钻探 |
| 曾同生 | 勘探院 | 张炳军 | 中油测井 |
| 侯文辉 | 宝石机械 | 杨海军 | 工程技术研究院 |
| 龙 岩 | 工程材料研究院 | | |

### 石化院"POE 创新团队"

领奖代表：

王文燕　王力搏　赵兴龙　王科峰　刘 龙　曲 峰

## 第二届"感动石油人物"提名人选名录

张金友　大庆油田勘探开发研究院页岩油研究部署项目经理部经理、
　　　　松辽勘探研究室主任

张　亮　辽河油田建设有限公司技术研发中心电焊工

史　昆　青海油田采油一厂生产运维中心尕斯第一运维组采油班班长

赵丽敏　中国石油（伊拉克）艾哈代布公司副总工程师

达克达里峰·萨都奥维奇·叶辛古洛夫
　　　　中国石油（哈萨克斯坦）阿克纠宾公司第一副总经理

尚彦华　兰州石化公用工程二部生产组技术员

谢　昕　西北化工销售销售事业部技术服务中心高级主管

张本荷　云南销售昆明分公司五华区阿米巴巴长

秦　乐　天然气销售新疆公司吐鲁番公司总经理、党支部副书记

蒋　峰　工程建设公司中东地区公司总经理兼哈法亚 GPP 项目总经理


吉林油田二氧化碳开发公司 CCUS 技术攻关团队

国际事业公司中亚天然气保供小组

# 后记

"感动石油人物"推荐宣传活动，是由党组宣传部负责，中国石油报社承办的一项极具品牌标识度的集团公司重要文化活动。活动以习近平文化思想为引领，以弘扬石油精神和大庆精神铁人精神为主题，以行业标杆、石油榜样、奋发向上、感动感人为标准，旨在打造中国石油各类先进人物蓄水池、储备库，持续以榜样人物感召、引领百万石油员工传承弘扬石油精神和大庆精神铁人精神，为集团公司奋进高质量发展、加快世界一流企业建设、推进中国式现代化营造良好舆论氛围。

继2023年成功举办首届"感动石油人物"推荐宣传活动后，2024年举办的第二届"感动石油人物"推荐宣传活动是在中华人民共和国成立75周年，习近平总书记提出能源安全新战略10周年，也是集团公司实现"十四五"规划目标任务的关键一年开展的一项重要活动。此次活动与集团公司"转观念、勇创新、强管理、创一流"主题教育活动部署安排相结合，主题聚焦"汇聚磅礴力量 谱写时代华章"，营造庆祝新中国成立75周年的浓厚氛围。活动自5月底启动以来，从113家所属单位报送的130个候选人物中遴选出11个（组）个人和3个团队。提名人选投票环节达到186万人次，颁奖典礼当日直播观看量超过270.6万，活动参与度高，覆盖范围广，组织有序高效，典礼精彩热烈。

这次活动分为四个阶段。

在筹备阶段（2024年6月之前），"感动石油"项目组根据首届"感动石油人物"推荐宣传活动举办情况，启动本届活动的前期工作，初步确定了活动运作模式、主题，起草活动相关文件和材料，并于5月31日正式下发活动通知。

在推荐评选阶段（2024年6—7月），"感动石油"项目组就各企业推荐过程中提出的问题开展了细致有效的沟通工作，实现问题全解答、单位全覆盖、推荐信息无遗漏。经过两轮次项目组内部普选、领导小组研讨、党组宣传部三次对接指导，初步确定提名人选。全媒体开设第二届"感动石油人物"专栏，刊出入围人选的典型事迹。

在协同推进阶段（2024年8月初—9月上旬），平稳组织"感动石油人物"提名人选投票，从入围人选中遴选候选人，征求总部相关部门单位意见，并呈报党组领导审定。组建各专项工作小组，集中开展了前采工作、活动策划、商务对接、脚本撰写、拍摄剪辑等工作。

在冲刺攻坚阶段（9月中旬—9月25日），党组宣传部和报社领导先后召开专项会议，增派力量投入项目攻坚。党组宣传部领导现场办公，报社领导全程指导，高质量完成人物专题片制作、典礼舞台搭建等工作。9月25日，举办"感动石油人物"颁奖典礼，同时组织中央重点媒体和内部全媒体以现场直播、深度采访等多种方式放大传播效果。

　　活动的成功举办得益于党组领导高站位部署，得益于党组宣传部全方位指导和总部部门的支持关心、各企业的积极参与，得益于项目组高效的组织和运行。中国石油报社党委高度重视该项活动，将其作为全年工作的重中之重来谋划推进，抽调精兵强将、举全社之力筹办活动，环节环环相扣、步步为营，参与人员加班加点、倾情奉献。特别是，本次活动在内容质量上精益求精，策划组织上大胆创新，主要体现为五大方面。一是活动主题清晰明确，"七十五载报国路，我为祖国添光彩"的主题贯穿活动全流程和各环节，营造出庆祝新中国成立75周年的浓厚氛围。二是大胆引入了合唱、MV等艺术元素，在颁奖典礼开始合唱《我和我的祖国》；在人物现场互动环节，万米深井团队共唱原创歌曲《万米之巅》，将典礼氛围推向高潮。三是推出"感动石油"logo演绎片及首届感动石油活动回顾短片，使得感动石油的活动更具连续性、更具品牌标识度。四是改变首届感动石油颁奖时单人出场的模式，通过提炼人物的共同点以成组模式进行现场互动和颁奖，进一步放大了选树人物的代表性和典型示范意义。五是精炼了颁奖环节和人物专题片时长等，使得颁奖典礼整体节奏更为紧凑、更加灵动。

　　"感动石油人物"推荐宣传活动集中宣传了一批"叫得响、立得住、传得开"的先进典型，"感动石油"品牌效应进一步凸显和扩大。我们欣喜地看到新时代的石油人正在用强大的政治信仰力量，不断创造博大深厚、内在超越的精神生活，建设更高站位、更高水平、更具感召力的精神家园；深切感受到石油精神和大庆精神铁人精神迸发的强大能量。

接下来，感动石油组委会将深入学习践行习近平文化思想，充分发挥和放大"感动石油"品牌活动的作用，发现典型、宣传典型，深挖石油精神的时代内涵，凝聚起百万石油人的智慧和力量，以全力奋进高质量发展的火热实践，去谱写石油人精神史诗、构筑石油人思想高地，把建设世界一流企业的宏伟目标变成现实，不负伟大的新时代。

感动石油组委会<br>2024 年 10 月 20 日

感动石油